TARIF

DES

FRAIS ET DÉPENS.

Et se trouve,

Chez
- FANTIN, Libraire, quai des Augustins, n.° 55.
- ARTHUS BERTRAND, Libraire, acquéreur du fonds de Buisson, rue Haute-Feuille, n.° 23.
- CALIXTE VOLLAND, Libraire, quai des Augustins, n.° 19.

TARIF

DES

FRAIS ET DÉPENS

POUR LE RESSORT

DE LA COUR D'APPEL DE PARIS,

Arrêté par le Conseil d'État, et rendu commun aux autres Cours et Tribunaux, par décret impérial du 16 février 1807;

Suivi du décret impérial, du même jour, concernant la liquidation des dépens et frais, et du Tarif des frais de taxe.

LEVRAULT, IMPRIMEUR, RUE MÉZIÈRES.

PARIS,

Chez OBRÉ, Libraire, rue des Grands-Augustins, n.° 24.

1807.

TARIF
DES FRAIS ET DÉPENS.

DÉCRET IMPÉRIAL.

De notre camp impérial de Preussich-Eylan, le 16 février 1807.

NAPOLÉON, EMPEREUR DES FRANÇAIS, ROI D'ITALIE, sur le rapport de notre grand-juge ministre de la justice, notre Conseil-d'Etat entendu,

Nous avons décrété et décrétons ce qui suit :

Tarif des frais et dépens pour le ressort de la cour d'appel de Paris.

LIVRE PREMIER.

Des Justices de paix.

CHAPITRE PREMIER.

Taxe des Actes et Vacations des Juges de paix.

1. Il est accordé au juge de paix, pour chaque vacation d'apposition, réconnoissance et levée

de scellés, qui sera de trois heures au moins,

A Paris, 5 francs.

Dans les villes où il y a tribunal de première instance, 3 fr. 75 cent.

Dans les autres villes et cantons ruraux, 2 fr. 50 cent.

Dans la première vacation seront compris les temps du transport et du retour du juge de paix: s'il n'y a qu'une seule vacation, elle sera payée comme complète, encore qu'elle n'ait pas été de trois heures.

Si le nombre des vacations d'apposition, reconnoissance et levée de scellés paroît excessif, le président du tribunal de première instance, en procédant à la taxe, pourra le réduire.

2. S'il y a lieu à référé, lors de l'apposition des scellés.

Ou dans le cours de leur levée,

Ou pour présenter un testament, ou autre papier cacheté, au président du tribunal de première instance,

Les vacations du juge de paix lui sont allouées comme celles pour l'apposition, la reconnoissance et la levée de ses scellés,

3. En cas de transport du juge de paix devant le président du tribunal de première instance, il lui est accordé par chaque myriamètre, 2 fr.

Autant pour le retour, 2 fr.

Et par journée de cinq myriamètres, 10 fr.

Il ne lui est accordé qu'une seule journée quand la distance ne sera pas de plus de deux myriamètres et demi, y compris sa vacation devant le président du tribunal.

Si la distance est de plus de deux myriamètres et demi, il lui sera payé deux journées pour l'aller, le retour et la vacation devant le président du tribunal.

4. Pour l'assistance du juge de paix à tout conseil de famille.

A Paris, 5 fr.

Dans les villes où il y a tribunal de première instance, 3 fr. 75 c.

Dans les autres villes et cantons ruraux, 2 fr. 50 c.

Nota. Le juge de paix ne pourra jamais prendre plus de deux vacations.

5. Pour l'acte de notoriété, sur la déclaration de sept témoins, pour constater, autant que possible, l'époque de la naissance d'un individu de l'un ou de l'autre sexe qui se propose de contracter mariage, et les causes qui empêchent de représenter son acte de naissance,

A Paris, 5 fr.

Dans les villes où il y a tribunal de première instance, 3 fr. 75 c.

Dans les autres villes et cantons ruraux, 2 fr. 50 c.

Et pour la délivrance de tout autre acte de notoriété qui doit être donné par le juge de paix,

A Paris, 1 fr.

Dans les villes où il y a tribunal de première instance, 75 c.

Dans les autres villes et cantons ruraux, 50 c.

6. Pour le transport du juge de paix, à l'effet d'être présent à l'ouverture des porte en cas de saisie-exécution, par chaque vacation de trois heures,

A Paris, 5 fr.

Dans les villes où il y a tribunal de première instance, 3 fr. 75 c.

Dans les autres villes et cantons ruraux, 2 fr. 50 c.

Et à l'arrestation d'un débiteur condamné par corps, dans le domicile où ce dernier se trouve,

A Paris, 10 fr.

Dans les villes où il y a tribunal de première instance, 7 fr. 50 c.

Dans les autres villes et cantons ruraux, 5 fr.

7. Il n'est rien alloué au juge de paix, 1.° pour toute cédule qu'il pourra délivrer;

2.° Pour le paraphe des pièces en cas de dénégation d'écriture, et de déclaration qu'on entend s'inscrire en faux incident.

8. Il lui est alloué pour transport, soit à l'effet de visiter des lieux contentieux, soit à l'effet d'entendre des témoins, lorsque le transport aura été expressément requis par l'une des parties et que le juge l'aura trouvé nécessaire, par chaque vacation;

A Paris, 5 fr.

Dans les villes où il y a tribunal de première instance, 3 fr. 75 c.

Dans les autres villes et cantons ruraux, 2 fr. 50 c.

Nota. Le procès-verbal du juge doit faire mention de la réquisition de la partie, et il n'est rien alloué à défaut de cette mention.

CHAPITRE II.

Taxe des greffiers des juges de paix.

9. Il sera taxé aux greffiers des justices de paix, par chaque rôle d'expédition qu'ils délivreront, et qui contiendra vingt lignes à la page et dix syllabes à la ligne.

A Paris, 50 c.

Dans les villes où il y a tribunal de première instance, 40 c.

Dans les autres villes et cantons ruraux, 40 c.

10. Pour l'expédition du procès-verbal qui constatera que les parties n'ont pu être conci-

liées, et qui ne doit contenir qu'une mention sommaire qu'elles n'ont pu s'accorder, il sera alloué,

A Paris, 1 fr.

Dans les villes et cantons ruraux, 80 c.

11. La déclaration des parties qui demandent à être jugées par le juge de paix, sera insérée dans le jugement, et il ne sera rien taxé au greffier pour l'avoir reçue, non plus que pour tout autre acte du greffe.

12. Pour transport sur les lieux contentieux, quand il sera ordonné, il sera alloué au greffier les deux tiers de la taxe du juge de paix.

13. Il n'est rien alloué pour la mention sur le registre du greffe et sur l'original, ou la copie de la citation en conciliation, quand l'une des parties ne comparoît pas.

14. Pour la transmission au procureur impérial de la récusation et de la réponse du juge, tous frais de port compris.

A Paris, 5 fr.

Dans les villes où il y a tribunal de première instance, 5 fr.

Dans les autres villes et cantons ruraux, 5 fr.

15. Il sera taxé au greffier du juge de paix qui aura assisté aux opérations des experts, et qui aura écrit la minute de leur rapport, dans le cas où tous, ou l'un d'eux, ne sauroit écrire, les deux tiers des vacations allouées à un expert.

16. Il lui est alloué les deux tiers des vacations du juge de paix pour assistance,

Aux conseils de famille;

Aux appositions de scellés;

Aux reconnoissances et levées de scellés;

Aux référés;

Aux actes de notoriété.

Il est encore alloué au greffier les deux tiers des frais de transport dans les mêmes cas où ils sont alloués aux juges de paix.

Les greffiers des juges de paix ne pourront délivrer d'expéditions entières des procès-verbaux d'apposition, reconnoissance et levée de scellés, qu'autant qu'ils en seront expressément requis par écrit.

Ils seront tenus de délivrer les extraits qui leur seront demandés, quoique l'expédition entière n'ait été ni demandée, ni délivrée.

17. Il sera taxé au greffier du juge de paix,

Pour sa vacation, à l'effet de faire la déclaration de l'apposition des scellés sur le registre du greffe du tribunal de première instance, dans les villes où elle est prescrite, les deux tiers d'une vacation du juge de paix.

18. Il lui sera alloué pour chaque opposition aux scellés qui sera formée par déclaration sur le procès-verbal de scellés,

A Paris, 50 c.

Dans les villes où il y a tribunal de première instance, 40 c.

Dans les autres villes et cantons ruraux, 40 c.

19. Il ne lui sera rien alloué pour les oppositions formées par le ministère des huissiers, et visées par lui.

20. Il est alloué pour chaque extrait des oppositions aux scellés, à raison, par chaque opposition, de

A Paris, 50 c.

Dans les villes où il y a tribunal de première instance, 40 c.

Dans les autres villes et cantons ruraux, 40 c.

CHAPITRE III.

Taxe des huissiers des Juges de paix.

21. Pour l'original

De chaque citation contenant demande,

A Paris, 1 fr. 50 c.

Dans les villes où il y a tribunal de première instance, 1 fr. 25 c.

Dans les autres villes et cantons ruraux, 1 fr. 5 c.

De signification de jugement, *idem.*

De sommation de fournir caution ou d'être présent à la réception et soumission de la caution ordonnée, *idem.*

D'opposition au jugement par défaut, contenant assignation à la prochaine audience, 1 fr. 50 c.

De demande en garantie, *idem.*

De citation aux témoins, *idem.*

De citation aux gens de l'art et experts, *idem.*

De citation en conciliation, *idem.*

De citation aux membres qui doivent composer le conseil de famille, *idem.*

De notification de l'avis du conseil de famille, *idem.*

D'opposition aux scellés, *idem.*

De sommation à la levée des scellés, *idem.*

Et pour chaque copie des actes ci-dessus énoncés, le quart de l'original.

22. Pour la copie des pièces qui pourra être donnée avec les actes, par chaque rôle d'expédition de vingt lignes à la page et de dix syllabes à la ligne,

A Paris, 25 c.

Dans les villes où il y a tribunal de première instance, 20 c.

Dans les autres villes et cantons ruraux, 20 c.

23. Pour transport qui ne pourra être alloué qu'autant qu'il y aura plus d'un demi-myriamètre (une lieue ancienne) de distance entre la demeure de l'huissier et le lieu où l'exploit devra être posé, aller et retour, par myriamètre 2 fr.

Il ne sera rien alloué aux huissiers des juges de paix pour *visa* par le greffier de la justice de paix ou par les maires et adjoints des communes de canton, dans les différens cas prévus par le Code de procédure.

CHAPITRE IV.

Taxe des témoins, experts et gardiens des scellés.

24. Il sera taxé au témoin entendu par le juge de paix une somme équivalente à une journée de travail, même à une double journée de travail si le témoin a été obligé de se faire remplacer dans sa profession, ce qui est laissé à la prudence du juge.

Il sera taxé au témoin qui n'a pas de profession 2 fr.

Il ne sera point passé de frais de voyage si le témoin est domicilié dans le canton où il est entendu.

S'il est domicilié hors du canton et à une distance de plus de deux myriamètres et demi du lieu où il fera sa déposition, il lui sera alloué autant de fois une somme double de journée de travail, ou une somme de 4 fr., qu'il y aura de fois cinq myriamètres de distance entre son domicile et le lieu où il aura déposé.

25. La taxe des experts en justice de paix sera la même que celle des témoins, et il ne leur sera alloué de frais de voyage que dans les mêmes cas.

26. Les frais de garde seront taxés par chaque jour pendant les douze premiers jours,

A Paris, 2 fr. 50 c.

Dans les villes où il y a tribunal de première instance, 2 fr.

Dans les autres villes et cantons ruraux, 1 fr. 50 c.

Ensuite seulement à raison de,

A Paris, 1 fr.

Dans les villes où il y a tribunal de première instance, 80 c.

Dans les autres villes et cantons ruraux, 60 c.

LIVRE II.

De la taxe des frais dans les tribunaux inférieurs et dans les cours.

TITRE PREMIER.

De la taxe des actes des huissiers ordinaires.

§ Ier.

Actes de première classe.

27. Pour l'original d'un exploit d'appel du jugement de la justice de paix,

D'un exploit d'ajournement, même en cas de domicile inconnu en France, et d'affiche à la porte de l'auditoire.

A Paris, 2 fr.

Partout ailleurs, 1 fr. 50 c.

28. Pour les copies de pièces qui doivent être données avec l'exploit d'ajournement et autres actes, par rôle contenant vingt lignes à la page, et dix syllabes à la ligne, ou évalué sur ce pied,

A Paris, 25 c.

Partout ailleurs, 20 c.

Le droit de copie de toute espèce de pièces et de jugemens appartiendra à l'avoué, quand les copies de pièces seront faites par lui; l'avoué sera tenu de signer les copies de pièces et de jugemens, et sera garant de leur exactitude.

Les copies seront correctes et lisibles, à peine de rejet de la taxe.

29. Pour l'original d'une sommation d'être présent à la prestation d'un serment ordonné.

D'une signification de jugement à domicile.

De signification d'un jugement de jonction pour un huissier commis.

De signification d'un jugement par défaut contre partie, par un huissier commis.

D'opposition au jugement par défaut rendu contre partie.

De sommation aux experts et aux dépositaires des pièces de comparaison, en vérification d'écritures.

De signification aux dépositaires de l'ordonnance, ou du jugement qui porte que la minute de la pièce sera apportée au greffe.

D'assignation aux témoins dans les enquêtes.

D'assignation à la partie contre laquelle se fait l'enquête

De signification de l'ordonnance du juge-commissaire pour faire prêter serment aux experts.

De la signification de la requête et des ordonnances, pour faire subir interrogatoire sur faits et articles.

De la signification du jugement rendu par défaut contre partie, sur demande en reprise d'instance, ou en constitution de nouvel avoué, par un huissier commis.

De signification du désaveu.

De signification du jugement, portant permis-ion d'assigner en règlement des juges, conte-ant assignation.

Pour l'original d'une demande formée au tri-unal de commerce.

D'une sommation de comparoître devant les rbitres, ou experts nommés par le tribunal e commerce.

De signification de jugement par défaut du ribunal de commerce par un huissier commis.

Pour l'original d'opposition au jugement par léfaut rendu par le tribunal de commerce, ontenant les moyens d'opposition et assigna-ion.

De signification des jugemens contradictoires.

De l'acte de présentation de caution avec ommation à jour et heures fixes, de se pré-enter au greffe pour prendre communication es titres de la caution, et assignation à l'au-ience, en cas de contestation, pour y être atué.

Original d'un acte d'appel de jugemens des ribunaux de première instance et de commerce, ontenant assignation et constitution d'avoué.

De signification de jugement à des héritiers ollectivement, au domicile du défunt.

D'une réquisition aux tribunaux de juger en a personne du greffier.

De signification de la requête et du jugement ui admettent une prise à partie.

De signification de la présentation de caution, vec copie de l'acte de dépôt au greffe des titres e solvabilité de la caution.

De signification de l'ordonnance du juge-ommis pour entendre un compte, et sommation e se trouver devant lui aux jour et heure indiqués, pour être présent à la présentation et affirmation.

D'un exploit de saisie-arrêt ou opposition contenant énonciation de la somme pour laquelle elle est faite, et des titres, ou de l'ordonnance du juge.

De la dénonciation au saisi de la saisie-arrêt, ou opposition, avec assignation en validité.

De la dénonciation au tiers-saisi de la demande en validité formée contre le débiteur saisi.

De l'assignation au tiers-saisi pour faire sa déclaration.

D'un commandement pour parvenir à une saisie-exécution.

De la notification de la saisie-exécution faite hors du domicile du saisi, et en son absence.

D'une assignation en référé à la requête du gardien qui demande sa décharge.

D'une sommation à la partie saisie, pour être présente au récolement des effets saisis, quand le gardien a obtenu sa décharge.

D'une opposition à vente, à la requête de celui qui se prétendra propriétaire des objets saisis entre les mains du gardien.

De dénonciation de cette opposition au saisissant et au saisi, avec assignation libellée et l'énonciation des preuves de propriété.

Le gardien ne pourra être assigné.

D'une opposition sur le prix de la vente, qui en contiendra les causes.

D'une sommation au premier saisissant de faire vendre.

D'une sommation à la partie saisie, pour être présente à la vente, qui ne seroit pas faite au jour indiqué par le procès-verbal de saisie-exécution.

Pour l'original du commandement qui doit précéder la saisie-brandon.

De dénonciation de la saisie-brandon au garde champêtre, gardien de droit à ladite saisie, et qui ne sera pas présent au procès-verbal.

Pour l'original du commandement qui doit précéder la saisie de rentes constituées sur particuliers.

De dénonciation à la partie saisie de l'exploit de saisie de rentes constituées sur particuliers.

D'une sommation aux créanciers de produire, dans les contributions, et à la partie saisie, de prendre communication des pièces produites, et de contredire, s'il y échet.

D'une sommation à la partie saisie qui n'a point d'avoué constitué, à la requête du propriétaire, de comparoître en référé devant le juge-commissaire, pour faire statuer préliminairement sur son privilége pour raison des loyers à lui dus.

De dénonciation à la partie saisie, qui n'a point d'avoué constitué, de la clôture du procès-verbal du juge-commissaire, en contribution, avec sommation d'en prendre communication, et de contredire sur le procès-verbal dans la quinzaine.

Pour l'original d'un commandement tendant à saisie immobiliaire.

De la notification à la partie saisie de l'acte d'apposition de placards en saisie immobiliaire.

De la signification aux créanciers inscrits de l'acte de consignation faite par l'acquéreur, en cas d'aliénation, qui peut avoir lieu après la saisie immobiliaire, sous la condition de consigner.

De la notification d'un exemplaire du placard aux créanciers inscrits.

De la demande en distraction d'objets saisis immobiliairement contre la partie qui n'a pas avoué en cause.

De la notification au greffier de l'appel du jugement qui aura statué sur les nullités proposées en saisie immobiliaire.

De sommation aux créanciers inscrits de produire dans les ordres.

D'assignation en référé, dans les cas d'urgence, ou lorsqu'il s'agit de statuer sur les difficultés relatives à l'exécution d'un titre exécutoire ou d'un jugement.

De signification d'une ordonnance sur référé.

D'une sommation d'être présent à la consignation de la somme offerte.

De dénonciation du procès-verbal de dépôt de la chose ou de la somme consignée, au créancier qui n'étoit pas présent à la consignation.

De sommation aux créanciers d'enlever le corps certain, qui doit être livré au lieu où il se trouve.

D'un commandement à la requête des propriétaires et principaux locataires de maisons ou biens ruraux, à leurs locataires, sous-locataires et fermiers, pour paiement de loyers ou fermages échus.

De la notification aux créanciers inscrits de l'extrait du titre du nouveau propriétaire, de la transcription et du tableau prescrit par l'article 2183 du Code civil.

D'une assignation et sommation à un notaire, et aux parties intéressées, s'il y a lieu, pour avoir expédition d'un acte parfait.

D'un acte non enregistré, ou resté imparfait.

Ou une seconde grosse.

D'une sommation, à la requête de la femme à son mari, de l'autoriser.

D'une demande à domicile, à fin de rectification d'un acte de l'état civil.

D'une demande en séparation de corps.

D'une demande en divorce pour cause déterminée.

D'ajournement, pour demander la réformation d'un avis d'un conseil de famille qui n'a pas été unanime.

De l'opposition formée à la requête des membres d'un conseil de famille à l'homologation de la délibération.

De sommation aux parties qui doivent être appelées à la vente des meubles dépendans d'une succession.

De sommations aux copartageans de comparoître devant le juge-commissaire.

De sommation aux parties pour assister à la clôture du procès-verbal de partage chez le notaire.

De sommation à la requête d'un créancier, à l'héritier bénificiaire de donner caution.

De sommation aux arbitres de se réunir au tiers arbitre pour vider le partage.

De tout exploit contenant sommation de faire une chose, ou opposition à ce qu'une chose soit faite, protestation de nullité, et généralement de tous actes simples du ministère des huissiers non compris dans la seconde partie du présent tarif.

À Paris, 2 fr.

Partout ailleurs, 1 fr. 50 c.

Pour chaque copie, le quart de l'original:

Indépendamment des copies de pièces qui n'auront pas été faites par les avoués, et qui seront taxées comme il a été dit ci-dessus.

§ II.

Actes de seconde classe et procès-verbaux.

30. Pour l'original de la récusation du juge de paix, qui en contiendra les motifs, et qui sera signé par la partie ou son fondé de pouvoir spécial, ainsi que la copie,

A Paris, 3 fr.

Dans les villes où il y a tribunal de première instance, 2 fr. 25 c.

Dans les autres villes et cantons ruraux, 2 fr. 25 c.

Et pour la copie, le quart.

31. Pour un procès-verbal de saisie-exécution, qui durera trois heures, y compris le temps nécessaire pour requérir, soit le juge de paix, soit le commissaire de police ou les maire et adjoints, en cas de refus d'ouverture de porte,

A Paris, y compris 1 fr. 50 c. pour chaque témoin, 8 fr.

Dans les villes où il y a tribunal de première instance,

Et dans les autres villes et cantons ruraux, y compris 1 fr. pour chaque témoin, 6 fr.

Si la saisie dure plus de trois heures, par chacune des vacations subséquentes aussi de trois heures,

A Paris, y compris 80 cent. pour chaque témoin, 5 fr.

Dans les villes où il y a tribunal de première instance,

Et dans les autres villes et cantons ruraux, y compris 60 cent. pour chaque témoin, 3 fr. 75 c.

Dans les taxes ci-dessus se trouvent comprises

les copies pour la partie saisie et pour le gardien.

32. Vacation du commissaire de police qui aura été requis pour être présent à l'ouverture des portes et des meubles fermant à clef, ou aux maire et adjoints, si ces derniers le requièrent,

A Paris, 5 fr.

Dans les villes où il y a tribunal de première instance, 3 fr. 75 c.

Dans les autres villes et cantons ruraux, 2 fr. 50 c.

33. Vacation de l'huissier pour déposer au lieu établi pour les consignations, ou entre les mains du dépositaire qui sera convenu, les deniers comptans qui pourraient avoir été trouvés,

A Paris, 2 fr.

Dans les villes où il y a tribunal de première instance, 1 fr. 50 c.

Dans les autres villes et cantons ruraux, 1 fr. 50 c.

34. Les frais de garde seront taxés par chaque jour, pendant les douze premiers jours,

A Paris, 2 fr. 50 c.

Dans les villes où il y a tribunal de première instance, 2 fr.

Dans les autres villes et cantons ruraux, 1 fr. 50 c.

Ensuite, seulement à raison de,

A Paris, 1 fr.

Dans les villes où il y a tribunal de première instance, 80 c.

Dans les autres villes et cantons ruraux, 60 c.

35. Pour un procès-verbal de récolement des effets saisis, quand le gardien a obtenu sa décharge,

A Paris, 3 fr.

Dans les villes où il y a tribunal de première instance, 2 fr. 25.

Dans les autres villes et cantons ruraux, 2 fr. 25 c.

Ce procès-verbal ne contiendra aucun détail, si ce n'est pour constater les effets qui pourraient se trouver en déficit, et l'huissier ne sera point assisté de témoins.

Il sera laissé copie du procès-verbal de récolement au gardien, qui aura obtenu sa décharge : il remettra la copie de la saisie qu'il avait entre les mains au nouveau gardien, qui se chargera du contenu sur le procès-verbal de récolement.

Pour chacune des copies à donner du procès-verbal de récolement, le quart de l'original.

36. Dans le cas de saisie antérieure et d'établissement de gardien pour le procès-verbal de récolement sur le premier procès-verbal que le gardien sera tenu de représenter, et qui, sans entrer dans aucun détail et contenant seulement la saisie des effets omis, et sommation au premier saisissant de vendre, témoins compris et deux copies, sera taxé,

A Paris, 6 fr.

Dans les villes où il y a tribunal de première instance, 4 fr. 50 c.

Dans les villes et cantons ruraux, 4 fr. 50 c.

Et pour une troisième copie, s'il y a lieu, le quart de l'original.

37. Pour le procès-verbal de récolement qui précédera la vente, et qui ne contiendra aucune énonciation des effets saisis, mais seulement de ceux en déficit, s'il y en a, y compris les témoins,

A Paris, 6 fr.

Dans les villes où il y a tribunal de première instance, 4 fr. 50 c.

Dans les villes et cantons ruraux, 4 fr. 50 c.

Il n'en sera point donné de copie.

38. S'il y a lieu au transport des effets saisis, l'huissier sera remboursé de ses frais sur les quittances qu'il en représentera, ou sur sa simple déclaration, si les voituriers et gens de peine ne savent écrire, ce qu'il constatera par son procès-verbal de vente.

Il sera alloué à l'huissier ou autre officier qui procédera à la vente, pour la rédaction de l'original du placard qui doit être affiché,

A Paris, 1 fr.

Dans les villes où il y a tribunal de première instance, 1 fr.

Dans les autres villes et cantons ruraux, 1 fr.

Pour chacun des placards, s'ils sont manuscrits,

A Paris, 50 c.

Dans les villes où il y a tribunal de première instance, 50 c.

Dans les autres villes et cantons ruraux, 50 c.

Et s'ils sont imprimés, l'officier qui procédera à la vente, en sera remboursé sur les quittances de l'imprimeur et de l'afficheur.

39. Pour l'original de l'exploit qui constatera l'apposition des placards, dont il ne sera point donné de copie,

A Paris, 3 fr.

Dans les villes où il y a tribunal de première instance, 2 fr. 25 c.

Dans les autres villes et cantons ruraux, 2 fr. 25 c.

Il sera passé en outre la somme qui aura été payée pour l'insertion de l'annonce de la vente dans un journal, si la vente est faite dans une ville où il s'en imprime.

Pour chaque vacation de trois heures à la vente, le procès-verbal compris, il sera taxé à l'huissier dans les lieux où ils sont autorisés à la faire,

A Paris, 8 fr.

Dans les villes où il y a tribunal de première instance, 5 fr.

Dans les autres villes et cantons ruraux, 4 fr.

Et à Paris où les ventes sont faites par les commissaires-priseurs, il sera alloué à l'huissier, pour requérir le commissaire-priseur, une vacation de 2 fr.

40. En cas d'absence de la partie saisie, son absence sera constatée, et il ne sera nommé aucun officier pour la représenter.

41. Dans le cas de publication sur les lieux où se trouvent les barques, chaloupes et autres bâtimens, prescrite par l'article 620 du Code, et dans le cas d'exposition de la vaisselle d'argent, bagues et joyaux, ordonnée par l'article 621, il sera alloué à l'huissier pour chacune des deux premières publications ou expositions,

A Paris, 6 fr.

Dans les villes où il y a tribunal de première instance, 4 fr.

Dans les autres villes et cantons ruraux, 3 fr.

La troisième publication ou exposition est comprise dans la vacation de vente.

A Paris et dans les villes où il s'imprime des journaux, les vacations pour publications et expositions ne pourront être allouées aux huissiers, attendu qu'il doit y être suppléé par l'insertion dans un journal.

Si l'expédition du procès verbal de vente est requise par l'une des parties, il sera alloué à l'huissier ou autre officier, qui aura procédé à la vente, par chaque rôle d'expédition, contenant vingt-cinq lignes à la page, et dix à douze syllabes à la ligne,

A Paris, 1 fr.

Dans les villes où il y a tribunal de première instance, 50 c.

Dans les autres villes et cantons ruraux, 40 c.

42. Pour la vacation de l'huissier ou autre officier, qui aura procédé à la vente, pour faire taxer ses frais par le juge, sur la minute de son procès-verbal,

A Paris, 3 fr.

Dans les villes où il y a tribunal de première instance, 2 fr.

Dans les autres villes et cantons ruraux, 1 fr. 50 c.

Et pour consigner les deniers provenans de la vente,

A Paris, 3 fr.

Dans les villes où il y a tribunal de première instance, 2 fr.

Dans les autres villes et cantons ruraux, 1 fr. 50. c.

43. Pour un procès-verbal de saisie-brandon, contenant l'indication de chaque pièce, sa contenance et sa situation, deux au moins de ses tenans et aboutissans, et la nature des fruits, quand il n'y sera pas employé plus de trois heures,

A Paris, 6 fr.

Dans les villes où il y a tribunal de première instance, 5 fr.

Dans les autres villes et cantons ruraux, 4 fr.

Et quand il y sera employé plus de trois heures pour chacune des autres vacations aussi de trois heures,

A Paris, 5 fr.

Dans les villes où il y a tribunal de première instance, 4 fr.

Dans les autres villes et cantons ruraux, 3 fr.

L'huissier ne sera point assisté de témoins.

44. Pour les copies à délivrer à la partie saisie, au maire de la commune et au garde-champêtre ou autre gardien, par chacune, le quart de l'original.

Nota. Le surplus des actes sera taxé comme en saisie-exécution.

45. Il sera alloué pour frais de garde, soit au garde champêtre, soit à tout autre gardien qui pourroit être établi, aux termes de l'art. 628, par chaque jour, savoir :

Au garde champêtre,

A Paris, 75 c.

Dans les villes où il y a tribunal de première instance, 75 c.

Dans les autres villes et cantons ruraux, 75 c.

Et à tout autre que le garde champêtre,

A Paris, 1 fr. 25 c.

Dans les villes où il y a tribunal de première instance, 1 fr. 25 c.

Dans les autres villes et cantons ruraux, 1 fr. 25 c.

46. Pour un exploit de saisie du fonds d'une rente constituée sur particuliers, contenant assignation au tiers-saisi en déclaration affirmative devant le tribunal,

A Paris, 4 fr.

Dans les villes où il y a tribunal de première instance, 3 fr.

Dans les autres villes et cantons ruraux, 3 fr.

Pour la copie, le quart.

Nota. La dénonciation des placards et tous les autres actes seront taxés comme en saisie immobiliaire.

47. Pour un procès-verbal de saisie immobiliaire auquel il n'aura été employé que trois heures,

A Paris, 6 fr.

Dans les villes où il y a tribunal de première instance, 5 fr.

Dans les autres villes et cantons ruraux, 5 fr.

Et cette somme sera augmentée par chacune des vacations subséquentes qui auront pu être employées, de

A Paris, 5 fr.

Dans les villes où il y a tribunal de première instance, 4 fr.

Dans les autres villes et cantons ruraux, 4 fr.

L'huissier ne se fera point assister de témoins.

48. Pour chaque copie de ladite saisie qui sera laissée au greffier des juges de paix et aux maire ou adjoints des communes de la situation, le quart de l'original.

49. Pour la dénonciation de la saisie immobiliaire et des enregistremens à la partie saisie,

A Paris, 2 fr. 50 c.

Dans les villes où il y a tribunal de première instance, 2 fr.

Dans les autres villes et cantons ruraux, 2 fr.

Pour la copie de ladite dénonciation, le quart.

50. Pour l'original de l'acte d'apposition de placards en saisie immobiliaire, lequel ne contiendra pas la désignation des lieux où ils ont été apposés,

A Paris, 4 fr.

Dans les villes où il y a tribunal de première instance, 3 fr.

Dans les autres villes et cantons ruraux, 3 fr.

51. Pour l'original de la signification du jugement qui prononce la contrainte par corps, avec commandement,

A Paris, 5 fr.

Dans les villes où il y a tribunal de première instance, 2 fr.

Dans les autres villes et cantons ruraux, 2 fr. 25 c.

Et pour la copie, le quart.

52. Vacation pour obtenir l'ordonnance du juge de paix, à l'effet, par ce dernier, de se transporter dans le lieu où se trouve le débiteur condamné par corps, et requérir son transport,

A Paris, 2 fr. 50 c.

Dans les villes où il y a tribunal de première instance, 2 fr.

Dans les autres villes et cantons ruraux, 2 fr.

53. Pour le procès-verbal d'emprisonnement d'un débiteur, y compris l'assistance de deux recors et l'écrou,

A Paris, 60 fr. 25 c.

Dans les villes où il y a tribunal de première instance, 40 fr.

Dans les autres villes et cantons ruraux, 30 fr.

Il ne pourra être passé aucun procès-verbal de perquisition, pour lequel l'huissier n'aura point de recours, même contre sa partie, la somme ci-dessus lui étant allouée en considération de toutes les démarches qu'il pourroit faire.

54. Vacation de l'huissier en référé, si le débiteur arrêté le requiert,

A Paris, 8 fr.

Dans les villes où il y a tribunal de première instance, 6 fr.

Dans les autres villes et cantons ruraux, 6 fr.

55. Pour la copie du procès-verbal d'emprisonnement et de l'écrou, le tout ensemble,

A Paris, 3 fr.

Dans les villes où il y a tribunal de première instance, 2 fr. 25 c.

Dans les autres villes et cantons ruraux, 2 fr. 25 c.

56. Il sera taxé au gardien ou geolier qui transcrira sur son registre le jugement portant la contrainte par corps, par chaque rôle d'expédition,

A Paris, 25 c.

Dans les villes où il y a tribunal de première instance, 20 c.

Dans les autres villes et cantons ruraux, 20 c.

57. Pour un acte de recommandation d'un débiteur emprisonné sans assistance de recors,

A Paris, 4 fr.

Dans les villes où il y a tribunal de première instance, 3 fr.

Dans les autres villes et cantons ruraux, 3 fr.

Pour chaque copie à donner au débiteur et au geolier, le quart pour chaque copie.

58. Pour la signification du jugement qui déclare un emprisonnement nul, et la mise en liberté du débiteur,

A Paris, 4 fr.

Dans les villes où il y a tribunal de première instance, 3 fr.

Dans les autres villes et cantons ruraux, 3 fr.

Pour la copie à laisser au gardien ou geolier, le quart.

59. Pour l'original d'un procès-verbal d'offres contenant le refus ou l'acceptation du créancier,

A Paris, 3 fr.

Dans les villes où il y a tribunal de première instance, 2 fr. 25 c.

Dans les autres villes et cantons ruraux, 2 fr. 25 c.

Pour la copie, le quart.

60. D'un procès-verbal de consignation de la somme ou de la chose offerte,

A Paris, 5 fr.

Dans les villes où il y a tribunal de première instance, 4 fr.

Dans les autres villes et cantons ruraux, 4 fr.

Pour chaque copie à laisser au créancier, s'il est présent, et au dépositaire, le quart.

61. Les procès-verbaux de saisie-gagerie sur locataires et fermiers,

Et ceux de saisie des effets du débiteur forain,

Seront taxés comme ceux de saisie-exécution, ainsi que tout le reste de la poursuite.

62. Pour un procès-verbal tendant à saisie-revendication, s'il y a refus de portes ou opposition à la saisie, contenant assignation en référé devant le juge, y compris les témoins,

A Paris, 5 fr.

Dans les villes où il y a tribunal de première instance, 4 fr.

Dans les autres villes et cantons ruraux, 4 fr.

Pour la copie, le quart.

Le procès-verbal de saisie-revendication sera taxé comme celui de saisie-exécution.

63. Pour l'original de l'acte contenant réquisition d'un créancier inscrit, à fin de mises aux enchères et adjudications publiques de l'immeuble aliéné par son débiteur,

A Paris, 5 fr.

Dans les villes où il y a tribunal de première instance, 4 fr.

Dans les autres villes et cantons ruraux, 4 fr.

Et pour la copie, le quart.

L'original et la copie de cette réquisition seront signés par le requérant ou par son fondé de procuration spéciale.

Il contiendra la soumission de porter ou faire porter le prix à un dixième en sus de celui qui aura été stipulé dans le contrat, et l'offre d'une caution avec assigation devant le tribunal pour la réception de la caution.

64. Pour un procès-verbal de réitération de la cession par le débiteur failli à la maison commune, s'il n'y a pas de tribunal de commerce,

A Paris, 4 fr.

Dans les villes où il y a tribunal de première instance, 3 fr.

Dans les autres villes et cantons ruraux, 3 fr.

65. Pour un procès-verbal d'extraction de la prison du débiteur failli, à l'effet de faire la réitération de sa cession de biens, indépendamment du procès-verbal de ladite réitération.

A Paris, 6 fr.

Dans les villes où il y a tribunal de première instance, 5 fr.

Dans les autres villes et cantons ruraux, 5 fr.

Le procès-verbal d' pposition de placards, en vente de biens immeubles de mineurs, ou dépendant d'une succession bénéficiaire ou vacante, ou abandonnés par un débiteur failli, sera taxé comme en saisie immobiliaire.

Par chaque original de protêt, intervention à protêt, et sommation d'intervenir, assistans et copie compris,

A Paris, 2 fr.

Dans les villes où il y a tribunal de première instance, 1 fr. 50 c.

Dans les autres villes et cantons ruraux, 1 fr. 50 c.

Pour l'original d'un protêt avec perquisition, assistans et copie compris,

A Paris, 5 fr.

Dans les villes où il y a tribunal de première instance, 4 fr.

Dans les autres villes et cantons ruraux, 4 fr.

§ III.

Dispositions générales relatives aux huissiers.

66. Il ne sera rien alloué aux huissiers pour transport jusqu'à un demi-myriamètre.

Il leur sera alloué au-delà d'un demi-myriamètre, pour frais de voyage qui ne pourra excéder une journée de cinq myriamètres (dix lieues anciennes), savoir, au-delà d'un demi-myriamètre et jusqu'à un myriamètre, pour aller et retour,

A Paris, 4 fr.

Dans les villes et cantons ruraux, 4 fr.

Au-delà d'un myriamètre, il sera alloué par chaque demi-myriamètre, sans distinction, 2 fr.

Il sera taxé pour *visa* de chacun des actes qui y sont assujétis,

A Paris, 1 fr.

Dans les villes où il y a tribunal de première instance, 75 c.

Dans les autres villes et cantons ruraux, 75 c.

En cas de refus de la part du fonctionnaire public qui doit donner le *visa*, et dans le cas où l'huissier sera obligé, à raison de ce refus, de requérir le *visa* du procureur impérial, le droit sera double.

Les huissiers qui seront commis pour donner des ajournemens, faire des significations de jugemens, et tous autres actes, ou procéder à des opérations, ne pourront prendre de plus forts droits que ceux énoncés au présent tarif, à peine de restitution et d'interdiction, quels que soient la cour et le tribunal auxquels ils sont attachés.

Les huissiers qui auront omis de mettre au bas de l'original et de chaque copie des actes de leur ministère la mention du coût d'icelui, pourront, indépendamment de l'amende portée par l'article 67 du Code de procédure, être interdits de leurs fonctions sur la réquisition d'office des procureurs généraux et imperiaux, que les procureurs généraux et impériaux pourront requérir d'office.

TITRE II.

Des avoués de première instance.

CHAPITRE PREMIER.

Matières sommaires.

67. Les dépens, dans ces matières, seront liquidés, tant en demandant qu'en défendant, savoir :

Pour l'obtention d'un jugement par défaut contre partie ou avoués y compris les qualités et la signification à avoué, s'il y a lieu, quand la demande n'excédera pas 1,000 fr.

A Paris, 7 fr. 50 c.

Dans le ressort, les trois quarts.

Et quand elle excédera 1,000 fr., jusqu'à 5,000 fr., 10 fr.

Et quand elle excédera 5,000, 15 fr.

Et pour l'obtention d'un jugement contradictoire ou définitif, quand la demande n'excédera pas 1,000 fr. 15 fr.

Et quand elle excédera 1,000 fr, jusqu'à 5,000 fr. 20 f.

Quand elle excédera 5,000 fr. 30 fr.

Nota. Si la valeur de l'objet de la contestation est indéterminée, le juge allouera l'une des sommes ci-dessus indiquées.

S'il y a lieu à enquête ou à visite et estimation d'experts, ordonnée contradictoirement, et s'il est intervenu aussi jugement contradictoire sur l'enquête ou le rapport d'experts ; il sera alloué un demi-droit.

Et en outre, pour copie des procès-verbaux d'enquête et d'expertise, par chaque rôle,

A Paris, 15 c.

Dans le ressort, les trois quarts.

S'il y a plus de deux parties en cause, et si elles ont des intérêts contraires, il sera alloué un quart en sus des droits ci-dessus à l'avoué qui aura suivi contre chacune des autres parties.

S'il y a lieu à un interrogatoire sur faits et articles, il sera passé à l'avoué de la partie à la requête de laquelle il aura été subi, un demi-droit ; et en outre pour copie du procès-verbal d'interrogatoire, par chaque rôle d'expédition, à Paris, 15 c.

Dans le ressort, les trois quarts.

Il sera passé à l'avoué qui levera le jugement rendu contradictoirement, pour dresser des qualités et de signification de jugement à avoué, le quart du droit accordé pour l'obtention du jugement contradictoire.

Il ne sera alloué aucun honoraire aux avocats dans ces sortes de causes.

Si l'avoué est révoqué, ou si les pièces lui sont retirées, il lui sera alloué, savoir :

S'il y a eu constitution d'avoué avant l'obtention d'un jugement par défaut, moitié du droit accordé pour faire rendre un jugement par défaut.

Et s'il a été obtenu un premier jugement par défaut ou un jugement interlocutoire, indépendamment de l'émolument pour ces jugemens, moitié du droit accordé pour obtenir un jugement contradictoire.

Mais ces droits ne seront acquis, et ils ne pourront être exigés que lorsqu'il y aura eu constitution d'avoué dans le premier cas ou qu'il aura été formé opposition au premier jugement par défaut, et que l'avoué qui aura obtenu le premier jugement aura suivi l'audience sur le débouté d'opposition.

Au moyen de la fixation ci-dessus, il ne sera passé aucun autre honoraire pour aucun acte et sous aucun prétexte. Il ne sera alloué en outre que les simples déboursés.

CHAPITRE II.

Matières ordinaires.

§ Ier.

Droit de consultation.

68. Pour la consultation sur toute demande principale, intervention, tierce opposition et requête civile, tant en demandant qu'en défendant, sans qu'il puisse être passé plus d'un droit par chaque avoué et par cause, et sans que l'intervention d'un appelé en garantie puisse y donner lieu, le droit ne pourra être exigé qu'autant qu'il aura été obtenu un jugement par défaut contre partie, ou qu'il y aura eu constitution d'avoué, et y compris la procuration sous signature privée ou par-devant notaire, indépendamment des déboursés,

A Paris, 10 fr.

Dans le ressort, 7 fr. 50 c.

69. Il ne sera alloué aucun émolument à l'avoué dans le cas où il comparoîtroit au bureau de conciliation pour sa partie.

§ II.

Actes de première classe.

70. Pour l'original d'une constitution d'avoué.

Pour un acte d'avoué à avoué pour suivre l'audience, sans qu'il puisse en être passé plus d'un seul pour chaque jugement par défaut, interlocutoire ou contradictoire.

Les avoués seront tenus de se présenter au jour indiqué par les jugemens préparatoires ou de remises, sans qu'il soit besoin d'aucune sommation.

Pour l'original d'un acte de déclaration de production par le demandeur en instruction par écrit, contenant le nombre des rôles dont la requête est composée.

Idem..... de la part du défendeur.

De la signification de l'ordonnance du président, portant nomination d'un autre rapporteur, en cas de décès, démission ou impossibilité de faire le rapport en délibéré ou instruction par écrit.

D'une sommation d'être présent au retrait des pièces, après les jugemens sur délibéré ou en instruction par écrit.

D'une sommation d'avoué à avoué, pour être présent à la prestation d'un serment ordonné.

D'une sommation d'avoué à avoué, pour être réglé sur une opposition aux qualités.

De la déclaration au demandeur originaire de la part du défendeur, qu'il a formé une demande en garantie.

De la dénonciation au demandeur originaire de la demande en garantie.

De la sommation de communiquer les pièces signifiées ou employées dans la cause.

De la signification de la requête et de l'ordonnance portant que l'avoué qui retient des pièces sera tenu de les remettre.

De la signification de l'acte de dépôt au greffe de la pièce dont l'écriture est déniée.

De la sommation de comparoître devant le

juge commis en vérification d'écritures, pour être présent au serment des experts et à la représentation des pièces de comparaison.

De la sommation pour être présent à la confection d'un corps d'écriture.

De la signification de l'acte de dépôt au greffe d'une pièce arguée de faux.

De la sommation pour être présent à la réquisition d'apport au greffe de la minute de la pièce arguée de faux.

De la signification de l'ordonnance portant que la minute de la pièce arguée de faux sera apportée au greffe.

De la signification de l'acte de dépôt au greffe de la pièce arguée de faux, avec sommation d'être présent au procès-verbal qui sera dressé de son état.

De la signification des procès-verbaux d'enquête.

De la signification de l'ordonnance du juge commis pour faire une descente sur les lieux, contenant la désignation des jour, lieu et heure, et sommation d'y être présent.

De la signification du procès-verbal du juge commissaire qui a fait une descente sur les lieux.

De la sommation contenant indication des jour et heure choisis par les experts, si la partie n'étoit pas présente à la prestation de leur serment.

De la signification du rapport des experts.

De la signification de l'interrogatoire sur faits et articles.

De la notification du décès d'une partie.

De la signification d'un désaveu.

De la signification de l'acte à fin de renvoi d'un tribunal à un autre des pièces y annexées et du jugement intervenu.

De la signification de l'arrêt intervenu sur l'appel d'un jugement qui aura rejeté une récusation, ou du certificat du greffier de la cour d'appel, contenant que l'appel n'est pas jugé, et indication du jour où il doit l'être.

De la sommation de se trouver devant le président, et voir déclarer la taxe des frais exécutoire en cas de désistement de la demande.

De la sommation d'être présent à la présentation et affirmation d'un compte.

De la signification, de la déclaration affirmative, et du dépôt des pièces contenant constitution d'avoué.

D'un acte contenant dénonciation d'opposition formée sur le débiteur entre les mains d'un tiers-saisi.

De la signification de l'état détaillé des effets mobiliers saisis et arrêtés entre les mains d'un tiers-saisi.

De la sommation à la requête des créanciers du mari, à l'avoué de la femme poursuivant sa séparation de biens, de leur communiquer la demande et les pièces justificatives.

De l'acte de signification du cahier des charges en licitation, aux avoués des colicitans.

De l'acte de sommation aux avoués des copartageans de se trouver, soit devant le juge-commissaire, soit devant le notaire, pour procéder aux opérations du partage.

A Paris, 1 fr.

Dans le ressort, 75 c.

Pour les copies de chacun des actes ci-dessus énoncés, indépendamment des copies de pièces, le quart,

§ III.

Actes de deuxième classe.

71. Acte de production nouvelle en instruction par écrit, contenant l'état des pièces.

Sommation à la partie adverse de déclarer si elle veut ou non se servir d'une pièce produite, avec déclaration que dans le cas où elle s'en serviroit, le demandeur s'inscrira en faux.

Déclaration de la partie sommée, signée d'elle ou du fondé de sa procuration spéciale et authentique, dont il sera donné copie, qu'elle entend ou non se servir de la pièce arguée de faux.

Acte contenant articulation succincte des faits dont une partie demandera à faire preuve.

Acte contenant réponse au précédent et dénégation ou reconnoissance des faits.

Acte contenant la justification des reproches par écrit.

Acte en réponse.

Acte contenant offre de prouver les reproches contre les témoins non justifiés par écrit, et désignation des témoins à entendre sur les reproches.

Acte en réponse.

Acte contenant les moyens de récusation contre les experts.

Acte contenant réponse aux moyens de récusation.

Acte contenant les moyens et conclusions de demandes incidentes.

Acte servant de réponse aux demandes incidentes.

Acte de reprise d'instance.

Acte de désistement et d'acceptation de désistement.

Acte de présentation de caution.

Acte de déclaration d'acceptation de caution.

Acte de contestation de la caution offerte.

Acte d'offres sur la déclaration des dommages et intérêts.

Acte contenant demande en rectification d'un acte de l'état civil.

Acte servant de réponse.

Tous ces actes seront taxés pour l'original,

A Paris, 5 fr.

Dans le ressort, 3 fr. 75 c.

Et pour chaque copie, indépendamment des copies de pièces, le quart.

§ IV.

Des requêtes et défenses qui peuvent être grossoyées, et des copies de pièces.

72. Pour l'original ou grosse des requêtes servant de défenses aux demandes, contenant vingt-cinq lignes à la page et douze syllabes à la ligne,

A Paris, 2 fr.

Dans le ressort, 1 fr. 50 c.

Les copies de pièces qui seront données avec les défenses, ou qui pourront être signifiées dans les causes, seront taxées, à raison du rôle, de vingt lignes à la page, et de douze syllabes à la ligne, ou évaluées sur ce pied,

A Paris, 30 c.

Dans le ressort, 25 c.

Les copies de tous actes ou jugemens, qui seront signifiées avec les exploits des huissiers, appartiendront à l'avoué, si elles ont été faites par lui, à la charge de les certifier véritables et de les signer.

73. Pour l'original ou grosses des requêtes, contenant réponse aux défenses dans la forme ci-dessus, pour chaque rôle,

A Paris, 2 fr.

Dans le ressort, 1 fr. 50 c.

Des requêtes en instruction par écrit, terminées par l'état des pièces, *idem.*

Idem, servant de réponse à celles en instruction par écrit, avec état des pièces au soutien, *idem.*

Idem, en réponse aux productions de nouvelles pièces qui ne pourront excéder six rôles.

74. Dans les instructions par écrit, les grosses et les copies de toutes les requêtes porteront la déclaration du nombre de rôles dont elles sont composées, à peine de rejet de la taxe.

75. Pour la grosse de la requête d'opposition au jugement par défaut, contenant les moyens, par chaque rôle,

A Paris, 2 fr.

Dans le ressort, 1 fr. 50 c.

Si les moyens ont été fournis avant le jugement par défaut, la requête d'opposition, sans les moyens, ne sera passée que pour un rôle, *idem.*

Idem, pour la grosse de la requête, qui ne pourra excéder deux rôles, tendant à ce que l'étranger demandeur soit tenu de fournir caution.

Idem, de celle en réponse, qui ne pourra non plus excéder deux rôles.

Idem, de la requête pour proposer un déclinatoire, qui ne pourra excéder six rôles.

Idem, de la réponse.

Idem, de la requête en nullité de la demande ou du jugement, qui ne pourra non plus excéder six rôles.

Idem, de la réponse.

Idem, de la requête pour demander délai pour délibérer et faire inventaire, qui ne pourra aussi excéder six rôles.

Idem, de la réponse.

Idem, de la requête pour soutenir qu'il n'y a lieu d'appeler garant, qui ne pourra excéder six rôles.

Idem, de la réponse.

Idem, de la requête d'opposition à l'ordonnance portant contrainte de remettre des pièces, qui ne pourra excéder deux rôles.

Idem, de la réponse.

Idem, de la requête contenant les moyens de faux.

Idem, de la requête contenant réponse aux moyens de faux.

Idem, de la requête d'intervention.

Idem, de la requête en réponse à l'intervention.

Idem, de la requête contenant contestation sur la demande en reprise d'instance, qui ne pourra excéder six rôles.

Idem, de la réponse.

Idem, de la requête servant de moyens contre un désaveu.

Et réponse.

Idem, de la requête contre la demande à fin de renvoi d'un tribunal à un autre, pour cause de parenté ou alliance.

Et pour la réponse.

Idem, de la requête en péremption d'instance, qui ne pourra excéder six rôles.

Idem de la réponse.

Idem de la requête de tierce-opposition.

Et réponse.

Idem de la requête civile incidente.

Et réponse.

Idem de la requête contenant défense du juge pris à partie.

Et réponse.

Idem pour la grosse d'un compte dont le préambule ne pourra excéder six rôles.

Il ne sera fait qu'une seule grosse

Idem pour la grosse de la requête du tiers-saisi, qui demandera son renvoi devant son juge, en cas que sa déclaration affirmative soit contestée : cette requête ne pourra excéder deux rôles.

Et réponse.

Idem de la requête pour demander incidemment la validité ou la nullité d'offres réelles.

Et réponse.

Idem de la requête, afin de se faire autoriser à compulser un acte, qui ne pourra excéder six rôles.

Et réponse.

Idem de la requête d'intervention des créanciers du mari dans les demandes en séparation de biens.

Et réponse.

Idem de la requête de conclusions motivées contenant demande en entérinement du rapport des experts, en partage et licitation.

Et réponse.

Il sera taxé pour chacun des rôles des requêtes ci-dessus énoncées :

A Paris, 2 fr.

Dans le ressort, 1 fr. 50 c.

Et pour chaque copie, par rôle, le quart.

Le nombre des rôles de requête en réponse ne pourra jamais excéder celui fixé pour la requête en demande.

Nota. Il ne sera passé aucuns frais d'impression des requêtes et défenses même autorisées.

§ V.

Requêtes qui ne peuvent être grossoyées, et copies d'actes.

76. Requête pour faire nommer un autre rapporteur en instruction par écrit ou sur délibéré.

Pour faire commettre un huissier à l'effet de signifier un jugement par défaut contre partie.

Pour faire contraindre un avoué à remettre les pièces qu'il a prises en communication.

Pour obtenir l'ordonnance du juge-commissaire en vérification d'écriture, à l'effet de sommer la partie adverse de comparoître à jour et heure certains, pour convenir de pièces de comparaison.

Afin d'obtenir l'ordonnance du commissaire en vérification d'écritures, pour sommer les experts de prêter serment, et les dépositaires de représenter les pièces de comparaison.

Au juge-commissaire en inscription de faux incident pour faire ordonner l'apport de la minute de la pièce arguée par le dépositaire.

Au juge commis pour procéder à une enquête, à l'effet d'obtenir son ordonnance indiquant le jour et l'heure pour lesquels les témoins seront assignés.

Au juge commis pour faire une descente sur les lieux, à l'effet d'obtenir son ordonnance portant l'indication des jour, lieu et heure.

Au juge-commissaire pour demander son ordonnance, à l'effet de faire prêter serment aux experts convenus ou nommés d'office.

En cas de désistement de la demande pour obtenir l'ordonnance du président, afin de rendre la taxe des frais exécutoire.

Au juge commis pour entendre un compte, à l'effet d'obtenir l'ordonnance fixant le jour et l'heure de la présentation.

Afin de permission de vendre les meubles saisis exécutés dans un lieu plus avantageux que celui indiqué par la loi.

Pour faire commettre un huissier à l'effet de signifier le jugement portant contrainte par corps.

A fin d'assigner extraordinairement en référé, si le cas requiert célérité.

A fin de saisir-gager à l'instant les meubles et effets garnissant les maisons et fermes.

A fin de permission de saisir les effets de son débiteur forain, trouvés en la commune qu'habite le créancier.

A fin de faire commettre un huissier pour notifier le titre du nouveau propriétaire aux créanciers inscrits.

A fin de faire commettre un huissier, à l'effet de notifier la réquisition de surenchère.

Au juge-commissaire en partage et licitation, à l'effet d'obtenir son ordonnance pour citer les autres parties à comparoître par-devant lui.

Au procureur impérial pour faire désigner trois jurisconsultes, sans l'avis desquels le tuteur du mineur ne poura transiger.

Les requêtes ci-dessus énoncées ne seront point grossoyées, et seront taxées,

A Paris, 2 fr.

Dans le ressort, 1 fr. 50 c.

La vacation pour demander l'ordonnance du président ou du juge-commissaire et se la faire délivrer, est comprise dans la taxe.

77. Requête contenant demande pour abréger les délais dans les cas qui requièrent célérité.

Pour obtenir permission de saisir et arrêter entre les mains d'nn tiers ce qu'il doit au débiteur, quand il n'y a pas de titre.

Pour avoir permission de saisir et arrêter la portion que le juge déterminera dans des sommes ou pensions données ou léguées pour aliment, et ce, pour créances postérieures aux dons et legs.

A l'effet d'obtenir, pour le témoin assigné, un sauf-conduit, qui ne pourra être accordé que sur les conclusions du ministère public, et qui réglera sa durée.

A l'effet de demander la nullité de l'emprisonnement d'un débiteur détenu pour dettes.

Pour demander la liberté d'un débiteur détenu pour dettes, dans tous les cas prévus par l'article 800.

Pour assigner le geolier qui refuse de recevoir la consignation de la dette.

Pour demander la liberté, faute de consignation d'alimens.

Pour demander la permission de saisir-revendiquer, contenant la désignation des effets.

Idem, pour faire commettre un notaire à l'effet de représenter les absens présumés, dans les inventaires, comptes, partages et liquidations dans lesquels ils sont intéressés.

Pour faire autoriser à la vente du mobilier d'une succession.

A fin d'être autorisé, sans attribution de qualité, à faire procéder à la vente d'effets mobiliers dépendans d'une succession.

Pour faire nommer un curateur au bénéfice d'inventaire.

Pour faire nommer un curateur à une succession vacante.

Idem, à l'effet de faire nommer un tiers-arbitre.

Elles seront taxées,

A Paris, 3 fr.

Dans le ressort, 2 fr. 25 c.

Les requêtes ci-dessus ne seront point grossoyées.

Et la vacation pour prendre l'ordonnance est comprise dans la taxe.

78. Requête à fin d'obtenir permission d'assigner en règlement de juges.

Requête civile principale.

A fin de permission de se faire délivrer expédition ou copie d'un acte parfait, non enregistré, ou même resté imparfait, ou pour se faire délivrer une seconde grosse.

A fin de réformation d'un acte de l'état civil.

A l'effet de faire pourvoir à l'administration des biens d'une personne présumée absente.

Pour avoir permission de faire enquête pour constater l'absence.

A fin d'envoi en possession provisoire des biens d'un absent.

De la femme, à l'effet de citer son mari à la chambre du conseil pour déduire les causes de son refus de l'autoriser.

De la femme, en cas d'absence présumée ou déclarée du mari, ou en cas d'interdiction pour se faire autoriser.

De la femme qui se pourvoit en séparation de biens.

A fin d'homologation de l'avis d'un conseil de famille.

Pour demander l'envoi en possession du legs universel.

Du créancier pour obtenir la permission de faire apposer un scellé.

A fin d'homologation d'un avis du conseil de famille pour aliéner les immeubles des mineurs ou pour être autorisé à vendre au-dessous de l'estimation.

De l'héritier bénéficiaire à l'effet d'être autorisé à vendre les immeubles dépendans d'une succession bénéficiaire.

Pour demander l'entérinement du rapport d'experts qui ont fait l'estimation des immeubles dépendans d'une succession bénéficiaire.

Idem, d'un curateur à une succession vacante.

Idem, pour demander l'homologation d'un acte de notoriété délivré par le juge de paix sur la déposition de sept témoins, pour suppléer à un acte de naissance.

Ces requêtes ne peuvent être grossoyées, et l'émolument pour prendre les ordonnances et communiquer au ministère public, est compris dans la taxe, qui sera de,

A Paris, 7 fr. 50. c.

Dans le ressort, 5 fr. 50 c.

79. Requête pour avoir permission de faire interroger sur faits et articles contenant les faits.

Cette requête ne sera point signifiée ni la partie appelée avant le jugement qui admettra ou rejetera la demande à fin de faire interroger : elle ne sera notifiée qu'avec le jugement et l'ordonnance du juge commis pour faire subir l'interrogatoire.

De l'époux qui se pourvoit en séparation de corps, contenant sommairement les faits.

De l'époux qui se pourvoit en divorce pour cause déterminée, contenant le détail des faits.

Contenant demande à fin d'interdiction, le détail des faits et l'indication des témoins.

Ces requêtes ne peuvent être grossoyées, et l'émolument pour prendre les ordonnances et communiquer au ministère public est compris dans la taxe.

A Paris, 15 fr.

Dans le ressort, 12 fr.

§ VI.

Plaidoiries et assistance aux jugemens.

80. Pour honoraires de l'avocat qui aura plaidé la cause contradictoirement,

A Paris, 15 fr.

Dans le ressort, 10 fr.

81. Pour assistance de l'avoué à l'audience, à l'effet de demander acte de sa constitution, en cas d'abréviation des délais,

A Paris, 1 fr. 50 c.

Dans le ressort, 1 fr.

82. Assistance et plaidoirie aux jugemens par défaut,

A Paris, 3 fr.

Dans le ressort, 2 fr. 45 c.

Pour l'honoraire de l'avocat qui aura pris le jugement par défaut,

A Paris, 5 fr.

Dans le ressort, 4 fr.

Quand le jugement par défaut aura été pris par un avocat, le droit d'assistance de l'avoué ne sera,

A Paris, que de 1 fr.

Dans le ressort, 75 c.

83. Pour assistance de chaque avoué à tout jugement portant remise de cause, ou indica-

tion de jour, sans que les jugemens puissent être levés, ni qu'il soit signifié de qualités, ou donné d'avenir,

A Paris, 3 fr.

Dans le ressort, 2 fr. 25 c.

84. Par assistance et observations des avoués aux jugemens qui ordonneront une instruction par écrit,

A Paris, 5 fr.

Dans le ressort, 4 fr.

85. Pour assistance aux jugemens sur délibéré ou instruction par écrit, y compris les notes qu'ils pourront fournir,

A Paris, 5 fr.

Dans le ressort, 4 fr.

86. Pour assistance des avoués à chaque journée de plaidoiries qui précédent les jugemens interlocutoires et définitifs, contradictoires, quand les causes sont plaidées par les parties elles-mêmes ou par des avocats,

A Paris, 3 fr.

Dans le ressort, 2 fr. 25 c.

Et quand les avoués plaideront eux-mêmes,

A Paris, 10 fr.

Dans le ressort, 6 fr.

§ VII.

Qualités et significations des jugemens.

87. Pour l'original des qualités contenant les noms, profession et demeure des parties, leurs conclusions et les points de fait et de droit, sans que les motifs des conclusions puissent y être insérés, ni qu'on puisse rappeler, dans les points de fait et de droit, les moyens des parties; savoir, pour celles d'un jugement par défaut,

A Paris, 3 fr. 75 c.

Dans le ressort, 2 fr. 80 c.

Pour celles d'un jugement contradictoire sur plaidoirie ou délibéré,

A Paris, 7 fr. 50 c.

Dans le ressort, 5 fr. 50 c.

Et celles d'un jugement en instruction par écrit,

A Paris, 10 fr.

Dans le ressort, 7 fr. 50 c.

88. Pour chaque copie qui ne pourra être signifiée que dans le cas où le jugement seroit contradictoire, le quart.

89. Pour signification de tout jugement à avoué ou à domicile, par chaque rôle d'expédition,

A Paris, 30 c.

Dans le ressort, 25 c.

§ VIII.

Des vacations.

90. Vacation pour mettre la cause au rôle.

Pour communiquer les pièces de la cause au ministère public et les retirer, le tout ensemble.

Pour produire et retirer les pièces dans les causes où il a été ordonné un délibéré.

Pour produire au greffe des pièces nouvelles en instruction par écrit.

Pour prendre en communication les pièces nouvelles produites en instruction par écrit.

Pour prendre le certificat du greffier, constatant que la partie adverse n'a pas produit en instruction par écrit dans les délais fixés.

Pour requérir le greffier, après que toutes les parties ont produit en instruction par écrit, ou après l'expiration des délais, de remettre les pièces au rapporteur.

Pour former opposition à des qualités, le droit ne sera passé qu'autant que le président aura ordonné une réformation.

Pour faire régler les qualités des jugemens en cas d'opposition.

Pour faire la mention sur le registre tenu au greffe de l'opposition au jugement par défaut, ou de l'appel de tout jugement, quand il y aura dans les jugemens des dispositions qui doivent être exécutées par des tiers.

Pour consigner l'amende en requête civile, ou sur appel dans toutes les causes, à l'exception des matières sommaires.

Pour la retirer.

Pour donner certificat contenant la date de la signification, au domicile de la partie condamnée, du jugement qui prononce une main-levée, la radiation d'inscription hypothécaire, un paiement ou autre chose à faire par un tiers ou contre lui.

Pour requérir du greffier le certificat qu'il n'existe contre le jugement énoncé ci-dessus, ni opposition, ni appel, portés sur le registre tenu au greffe.

Pour faire viser par le greffier la demande en partage et licitation,

A Paris, 1 fr. 50 c.

Dans le ressort, 1 fr. 15 c.

91. Vacation pour donner et prendre communication des pièces de la cause à l'amiable, sur récépissé ou par la voie du greffe, et le rétablissement entre les mains de l'avoué, ou le retrait du greffe, le tout ensemble.

Pour produire au greffe dans les causes où il a été ordonné une instruction par écrit.

Pour prendre communication au greffe de la production du demandeur en instruction par écrit et le rétablissement de cette production, le tout ensemble.

Pour retirer les pièces du greffe dans les instructions par écrit.

Pour déposer au greffe les pièces arguées de faux.

Pour requérir l'ordonnance du juge commis à l'effet de procéder à une enquête et signer le procès-verbal d'ouverture.

Pour faire la déclaration au greffe des experts convenus.

Pour être présent à la prestation de serment des experts devant le juge-commissaire.

Pour faire faire la mention, en marge de l'acte de désaveu, du jugement qui l'aura rejeté.

Pour déposer au greffe les titres de solvabilité de la caution présentée.

Pour prendre communication au greffe des titres de solvabilité de la caution.

Pour faire faire au greffe la soumission d'une caution.

Pour déposer au greffe, ou donner en communication sur récépissé à l'amiable, les pièces justificatives de la déclaration des dommages et intérêts, et les retirer, le tout ensemble.

Pour prendre communication à l'amiable sur récépissé ou au greffe, des pièces justificatives de la déclaration des dommages et intérêts, et les rétablir, le tout ensemble.

Pour requérir des fonctionnaires publics, tiers-saisis, le certificat du montant de ce qu'ils doivent à la partie saisie.

Pour assister au greffe la femme qui fait sa renonciation à la communauté, en cas de séparation de biens.

Pour prendre l'ordonnance du tribunal qui

permet de citer l'époux défendeur en divorce.

Pour assister au greffe la femme qui renonce à la communauté après décès, ou l'héritier qui renonce à la succession, ou qui ne l'accepte que sous bénéfice d'inventaire.

Pour demander l'ordonnance d'*exequatur* d'une décision arbitrale,

A Paris, 3 fr.

Dans le ressort, 2 fr. 25 c.

92. Vacation pour déposer au greffe une pièce dont l'écriture est déniée, et assistance au procès-verbal dressé par le greffier, de l'état de ladite pièce.

Idem pour prendre communicatien de ladite pièce, et assistance au procès-verbal dressé par le greffier.

Idem devant le juge-commissaire, pour convenir des pièces de comparaison.

Pour être présent au serment des experts à la représentation des pièces de comparaison, et faire les réquisitions et observations par chaque vacation.

A la confection du corps d'écriture fait par le défendeur, s'il est ainsi ordonné.

Pour former une inscription de faux incident au greffe.

Pour requérir du juge-commissaire son ordonnance, à l'effet de faire apporter au greffe la pièce arguée de faux, dont il y a minute.

Au procès-verbal de l'état des pièces arguées de faux.

De l'avoué du demandeur, pour prendre en tout état de cause, communication de la pièce arguée de faux.

A l'audition des témoins, par trois heures,

En cas de descente sur les lieux par trois heures.

Des avoués au rapport d'experts s'ils en sont expressément requis par les parties pour ne les répéter que contre elles, et sans qu'elles puissent entrer en taxe.

Pour former un désaveu au greffe, contenant les moyens, conclusions et constitution d'avoués.

Pour former par acte au greffe la demande à fin de renvoi d'un tribunal à un autre pour parenté et alliance.

Pour faire au greffe l'acte contenant les moyens de récusation contre un juge.

Pour interjeter appel au greffe du jugement qui aura rejeté la récusation, avec énonciation des moyens et dépôt des pièces au soutien.

Pour mettre en ordre les pièces d'un compte à rendre, les coter et les parapher.

Il sera passé une vacation pour cinquante pièces, deux pour cent, et ainsi de suite.

A la présentation et affirmation du compte.

Pour requérir du juge-commissaire exécutoire de l'excédent de la recette sur la dépense dans les comptes présentés.

Pour prendre en communication les pièces justificatives du compte et les rétablir, le tout ensemble.

Pour fournir des débats sur le procès-verbal du juge-commissaire.

Par chaque vacation de trois heures, dont le nombre sera fixé et arbitré par le juge-commissaire.

Idem pour fournir soutenemens et réponses.

Par chaque vacation de trois heures, dont le nombre sera fixé et arbitré par le juge-commissaire.

Pour faire au greffe une déclaration affirmative sur saisie-arrêt, contenant les causes et le montant de la dette, les paiemens à-compte si aucuns ont été faits, l'acte ou les causes de libération, les saisies-arrêts formées entre les mains du tiers-saisi et le dépôt au greffe des pièces justificatives, le tout ensemble.

Pour assistance au compulsoire, et dires au procès-verbal par chaque vacation.

Pour faire et remettre l'extrait de la demande en séparation de biens qui doit être inséré dans les tableaux de l'auditoire du tribunal où se poursuit la séparation et du tribunal de commerce, des chambres des avoués de première instance et des notaires, et le faire insérer dans un journal, le tout ensemble.

Pour faire insérer l'extrait du jugement qui aura prononcé la séparation de biens dans les mêmes tableaux et dans un journal, le tout ensemble.

Pour faire insérer l'extrait du jugement qui prononcera la séparation de corps dans les mêmes tableaux et dans un journal, le tout ensemble.

Pour assister à huis clos les époux dans le cas de demande en divorce, représenter les pièces, faire les observations et indiquer les témoins.

Pour assister à la délibération du conseil de famille qui suit la demande en interdiction et avant l'interrogatoire.

Idem, pour faire l'extrait du jugement qui prononcera une interdiction ou une nomination de conseil, le faire insérer dans le tableau de l'auditoire et des études des notaires de l'arrondissement et dans un journal, le tout ensemble.

Le jugement d'interdiction ou de nomination de conseil ne sera point signifié aux notaires de l'arrondissement; l'extrait en sera remis au secrétaire de leur chambre, qui en donnera récépissé, et qui le communiquera à ses collègues, qui seront tenus d'en prendre note, et de l'afficher dans leurs études.

Pour déposer au greffe le bilan, les livres et les titres actifs, s'il y en a, du débiteur qui demande à être admis au bénéfice de cession.

Pour faire l'extrait du jugement qui admet à la cession de biens, et le faire insérer au tableau du tribunal de commerce, ou du tribunal de première instance, qui en fait les fonctions, dans le lieu des séances de la maison commune et dans un journal, le tout ensemble.

Vacation au partage, soit devant le juge-commissaire, soit devant le notaire commis par lui, par trois heures.

Les vacations devant le notaire n'entreront point en frais de partage; elles ne pourront être répétées que contre la partie qui aura requis l'assistance de l'avoué.

A Paris, 6 fr.

Dans le ressort, 4 fr. 50 c.

93. Vacation en référé contradictoire.

A Paris, 5 fr.

Dans le ressort, 3 fr. 75 c.

Et par défaut,

A Paris, 3 fr.

Dans le ressort, 2 fr. 25 c.

94. Vacation pour requérir une apposition de scellés.

Idem, à l'apposition de scellés, par trois heures.

En référé lors de l'apposition, et dans le cours de la levée.

Pour en requérir la levée.

A chaque vacation de trois heures, à la reconnoissance et levée.

Pour requérir la levée des scellés sans description.

A la reconnoissance et levée sans description,

A Paris, 6 fr,

Dans le ressort, 4 fr. 50 c.

§ IX.

Poursuite de contribution.

95. Vacation pour requérir sur le registre tenu au greffe la nomination d'un juge-commissaire, devant lequel il sera procédé à une contribution,

A Paris, 5 fr.

Dans le ressort, 3 fr. 75 c.

S'il se présente deux ou plusieurs requérans en même temps au greffe, ils se retireront devant le président du tribunal, qui décidera sur-le-champ celui dont la réquisition sera reçue. Il n'y aura ni appel, ni opposition contre la décision; il n'en sera point dressé procès-verbal, et il ne sera alloué aucune vacation aux avoués pour s'être transportés devant le président.

96 Pour la requête au juge-commissaire, à l'effet d'obtenir son ordonnance pour sommer les opposans de produire et la partie saisie de prendre communication des pièces produites, et de contredire s'il y échet, et la vacation pour obtenir l'ordonnance du commissaire, le tout ensemble,

A Paris, 3 fr.

Dans le ressort, 2 fr. 25 c.

97. Pour l'acte de production des titres contenant demande en collocation, et même à fin de privilége et constitution d'avoué, y compris la vacation pour produire,

A Paris, 10 fr.

Dans le ressort, 7 fr. 50 c.

Il ne sera point signifié.

98. Pour la sommation, à la requête du propriétaire, à l'avoué de la partie saisie, si elle en a constitué un, et au plus ancien de ceux des opposans pour comparoître en référé pardevant le juge-commissaire, à l'effet de faire statuer préliminairement sur son privilége, pour raison des loyers à lui dus,

A Paris, 1 fr.

Dans le ressort, 75 c.

Et pour chaque copie, le quart.

Vacation en référé devant le juge-commissaire, qui statuera sur le privilége réclamé pour loyers dus, par défaut,

A Paris, 3 fr.

Dans le ressort, 2 fr. 25 c.

Et contradictoirement,

A Paris, 5 fr.

Dans le ressort, 3 fr. 75 c.

99. Pour l'acte de dénonciation de la clôture du procès-verbal de contribution du juge-commissaire aux avoués des créanciers produisant et de la partie saisie, si elle en a un, avec sommation d'en prendre communication et de contredire sur le procès-verbal dans la quinzaine,

A Paris, 1 fr.

Dans le ressort, 75 c.

Et pour chaque copie, le quart.

Le procès-verbal du juge-commissaire ne sera ni levé, ni signifié, et il ne sera enregistré que lors de la délivrance des mandemens aux créanciers.

100. Vacation pour prendre communication de l'état de contribution et contredire sur le procès-verbal du juge-commissaire, sans qu'il

puisse en être passé plus d'une, sous quelque prétexte que ce soit,

A Paris, 5 fr.

Dans le ressort, 3 fr. 75 c.

Il né sera fait aucun dire, s'il n'y a lieu à contredire.

Il sera alloué à l'avoué du poursuivant autant de demi-droits de vacation pour prendre communuication de l'état de contribution et contredire, qu'il y aura eu de créanciers produisans,

A Paris, 2 fr. 50 c.

Dans le ressort, 1 fr. 88 c.

101. Vacation pour requérir la délivrance du mandement au créancier utilement colloqué, et être présent à l'affirmation de la créance devant le greffier; l'avoué signera le procès-verbal,

A Paris, 2 fr.

Dans le ressort, 1 fr. 50 c.

Nota. Les mandemens collectivement contiendront la totalité du procès-verbal du juge-commissaire. Si on délivrait, indépendamment des mandemens, une expédition entière, ce serait un double emploi.

En cas de contestations, les dépens de ces contestations seront taxés comme dans les autres matières, suivant leur nature sommaire ou ordinaire.

§ X.

Poursuite de saisie immobiliaire.

102. Vacation pour faire transcrire le procès-verbal de saisie immobiliaire au bureau de la conservation des hypothèques et au greffe du

tribunal où doit se faire la vente, par chacune,

A Paris, 6 fr.

Dans le ressort, 4 fr. 50 c.

103. Pour faire enregistrer au bureau de la conservation des hypothèques la dénonciation faite à la partie saisie, de la saisie immobiliaire,

A Paris, 6 fr.

Dans le ressort, 4 fr. 50 c.

104. Pour l'extrait de la saisie immobiliaire qui doit être inséré dans un tableau placé à cet effet dans l'auditoire.

A Paris, 6 fr.

Dans le ressort, 4 fr. 50 c.

105. Pour l'extrait pareil à celui prescrit par l'art. 682 qui doit être inséré dans un journal.

Il sera passé autant de droits à l'avoué qu'il y aura eu d'insertions prescrites par le Code,

A Paris, 2 fr.

Dans le ressort, 1 fr. 50 c.

Pour faire légaliser la signature de l'imprimeur par le maire, s'il y a lieu,

A Paris, 2 fr.

Dans le ressort, 1 fr. 50 c.

106. Pour l'extrait de la saisie immobiliaire qui doit être imprimé et placardé, et qui servira d'original et ne pourra être grossoyé,

A Paris, 6 fr.

Dans le ressort, 4 fr. 50 c.

Il ne sera passé qu'un droit à l'avoué, attendu qu'aux termes de l'art. 703 il ne doit entrer en taxe qu'une seule impression de placards, et que les additions, lors des appositions subséquentes, doivent être manuscrites.

107. Vacation pour se faire délivrer l'extrait des inscriptions,

A Paris, 6 fr.

Dans le ressort. 4 fr. 50 c.

108. Vacation pour faire enregistrer à la conservation des hypothèques, la notification du placard faite aux créanciers inscrits,

A Paris, 6 fr.

Dans le ressort, 4 f. 50 c.

109. Pour la grosse du cahier des charges contenant vingt-cinq lignes à la page, et douze syllabes à la ligne,

A Paris, 2 fr.

Dans le ressort, 1 fr. 50 c.

Il ne sera signifié de copie, ni à la partie saisie, ni aux créanciers inscrits, attendu que cette grosse doit être déposée au greffe, quinzaine avant la première publication, et que toute partie intéressée a la faculté d'en prendre communication.

110. Il ne sera fait qu'une seule grosse, et il n'en sera point remis à l'huissier audiencier pour les publications : l'huissier publiera sur la note qui lui sera remise par le greffier, et le greffier constatera les publications qui seront d'ailleurs signées par le juge,

Vacation pour déposer au greffe le cahier des charges,

A Paris, 3 fr.

Dans le ressort, 2 fr. 45 c.

111. A chaque publication des charges, avec les dires qui pourront avoir lieu,

A Paris, 3 fr.

Dans le ressort, 2 fr. 45 c.

Il ne sera point signifié d'acte de remise de la publication du cahier des charges, attendu que les parties intéressées peuvent se présenter à la première publication, et connoître les jours auxquels les publications subséquentes auront lieu;

que d'ailleurs l'apposition des placards et l'insertion dans un journal, annonçant les adjudications préparatoires et définitives, les instruiront suffisamment.

112. Vacation à l'adjudication préparatoire,

A Paris, 6 fr.

Dans le ressort, 4 fr. 50 c.

113. Vacation à l'adjudication définitive,

A Paris, 15 fr.

Dans le ressort, 12 fr.

Indépendamment des émolumens ci-dessus fixés, il sera alloué à l'avoué poursuivant, sur le prix des biens dont l'adjudication sera faite au-dessus de 2,000 francs; savoir, depuis 2,000 fr. jusqu'à 10,000 fr., un pour cent; sur la somme excédant 10,000 fr. jusqu'à 50,000 fr., demi pour cent; sur la somme excédent 50,000 fr. jusqu'à 100,000 fr., un quart pour cent; et sur l'excédent de 100,000 fr., indéfiniment un huitième d'un pour cent. En cas d'adjudication par lots de biens compris dans la même poursuite, en l'état où elle se trouvera lors des adjudications, la totalité des prix des lots sera réunie pour fixer le montant de la remise.

Il ne sera passé que trois quarts de la remise aux avoués des tribunaux de département.

114. Vacation pour enchérir,

A Paris, 7 fr. 50 c.

Dans le ressort, 5 fr. 63 c.

Pour enchérir et se rendre adjudicataire,

A Paris, 15 fr.

Dans le ressort, 11 fr. 25 c.

Pour faire la déclaration de command,

A Paris, 6 fr.

Dans le ressort, 4 fr. 50 c.

Nota. Les vacations pour enchérir ou pour la déclaration de command sont à la charge de l'enchérisseur ou de l'adjudicataire.

115. Vacation pour faire au greffe la surenchère du quart au moins du prix principal de l'adjudication en saisie immobiliaire,

A Paris, 15 fr.

Dans le ressort, 11 fr. 25 c.

116. Pour l'acte de dénonciation de la surenchère aux avoués, de l'adjudicataire, du poursuivant et de la partie saisie, si elle en a constitué, contenant avenir à la prochaine audience,

A Paris, 1 fr.

Dans le ressort, 75 c.

Pour chaque copie, le quart.

117. Pour la requête d'avoué à avoué contenant demande à fin de réunion de poursuites de saisies immobiliaires de biens différens, portés devant le même tribunal, par chaque rôle,

A Paris, 2 fr.

Dans le ressort, 1 fr. 50 c.

Pour la copie, le quart.

Pour la requête en défense à cette même demande,

A Paris, 2 fr.

Dans le ressort, 1 fr. 50 c.

Pour la copie, le quart.

118. Pour l'acte de dénonciation de la plus ample saisie au premier saisissant, à la requête du plus ample saisissant, avec sommation de se mettre en état,

A Paris, 3 fr.

Dans le ressort, 2 f. 25 c.

Pour la copie, le quart.

119. Pour l'acte contenant demande en subrogation à la poursuite, soit faute par le premier saisissant de s'être mis en état sur la plus ample saisie, soit en cas de collusion, faute ou négligence de la part du poursuivant,

A Paris, 5 fr.
Dans le ressort, 3 fr. 75 c.
Pour la copie, le quart.
Pour l'acte en réponse,
A Paris, 5 fr.
Dans le ressort, 3 fr. 75 c.
Pour la copie, le quart.

120. Vacation pour faire viser par le greffier l'exploit d'intimation sur l'appel du jugement, en vertu duquel il a été procédé à la saisie immobiliaire,
A Paris, 2 fr.
Dans le ressort, 1 fr. 50 c.

121. *Idem*, pour déposer au greffe les titres justificatifs d'une demande en distraction d'objets immobiliers saisis,
A Paris, 3 fr.
Dans le ressort, 2 fr. 45 c.

122. Pour la requête d'avoué à avoué, contenant demande en distraction par chaque rôle,
A Paris, 2 fr.
Dans le ressort, 1 fr. 50 c.
Pour la copie, le quart.
Pour la requête en réponse par chaque rôle,
A Paris, 2 fr.
Dans le ressort, 1 fr. 50 c.
Pour la copie, le quart.

123. Pour la requête d'avoué à avoué, contenant demande en décharge de l'adjudication préparatoire de la part de l'adjudicataire, en cas de demande en distraction de tout ou partie de l'objet saisi immobiliairement; par chaque rôle, sans cependant qu'elle puisse excéder le nombre de trois rôles.
A Paris, 2 fr.
Dans le ressort, 1 fr. 50 c.

Pour la copie, le quart.
Pour la réponse,
A Paris, 2 fr.
Dans le ressort, 1 fr. 50 c.
Pour la copie, le quart.

124. Requête d'avoué à avoué de la part de la partie saisie, contenant moyens de nullité contre la procédure antérieure à l'adjudication préparatoire, par chaque rôle,
A Paris, 2 fr.
Dans le ressort, 1 fr. 50 c.
Pour la copie, le quart.
Pour la réponse,
A Paris, 2 fr.
Dans le ressort, 1 fr. 50 c.
Pour la copie, le quart.

125. Requête d'avoué à avoué de la part de la partie saisie, contenant ses moyens contre les procédures postérieures à l'adjudication préparatoire,
A Paris, 2 fr.
Dans le ressort, 1 fr. 50 c.
Pour la copie, le quart.
Pour la requête en réponse,
A Paris, 2 fr.
Dans le ressort, 1 fr. 50.
Pour la copie, le quart.

126. Vacation pour requérir le certificat du greffier, constatant que l'adjudicataire n'a point justifié de l'acquit des conditions exigibles de l'adjudication,
A Paris, 3 fr.
Dans le ressort, 2 fr. 25 c.

127. Requête non grossoyée et non signifiée, sur le consentement de toutes les parties intéressées, pour demander, après saisie immobi-

liaire, que l'immeuble saisi soit vendu aux enchères par-devant notaires ou en justice,

A Paris, 6 fr.

Dans le ressort, 4 fr. 50 c.

128. Les émolumens des avoués pour dresser le cahier des charges, en faire le dépôt au greffe et pour les publications, les extraits à placarder et insérer dans les journaux, les adjudications préparatoires et définitives, seront réglés et taxés comme en saisie immobiliaire, lorsqu'il s'agira,

1.° De saisies de rentes constituées sur particuliers;

2.° De surenchère sur aliénation volontaire;

3.° De ventes d'immeubles de mineurs et des biens dotaux dans le régime dotal;

4.° De vente sur licitation,

5.° Et de vente d'immeubles dépendans d'une succession bénéficiaire, ou vacante, ou provenant d'un débiteur failli, ou qui a fait cession.

129. La remise proportionnelle sur le prix de l'adjudication sera divisée en licitation, ainsi qu'il suit:

Moitié appartiendra à l'avoué poursuivant.

La seconde moitié sera partagée par égales portions entre tous les avoués qui ont occupé dans la licitation, y compris l'avoué poursuivant qui aura sa part comme les autres dans cette seconde moitié.

L'art. 972 prescrivant en licitation la signification du cahier des charges par un simple acte aux avoués des colicitans, cet acte sera taxé comme un acte simple, et la copie du cahier des charges, comme celle de requête d'avoué à avoué.

Dans tous les cahiers des charges, il est expressément défendu d'y stipuler d'autres et plus grands droits au profit des avoués, que ceux énoncés au présent tarif; et s'il y est inséré quelque clause pour les exhausser, elle sera réputée non écrite.

§ XI.

Poursuite d'ordre.

130. Vacation pour requérir sur le registre tenu au greffe, la nomination, par le président du tribunal d'un juge-commissaire devant lequel il sera procédé à l'ordre,

A Paris, 6 fr.

Dans le ressort, 4 fr. 50 c.

Si deux ou plusieurs avoués se présentent en même temps au greffe pour faire la même réquisition, ils se retireront sur-le-champ, sans sommation, devant le président du tribunal, qui décidera quelle est la réquisition qui doit être admise sans dresser aucun procès-verbal; il ne sera reçu ni appel, ni opposition contre la décision du président, et il ne sera alloué aucune vacation aux avoués.

131. Requête au juge-commissaire à l'effet d'obtenir son ordonnance, portant que les créanciers inscrits seront tenus de produire, et vacation pour se faire délivrer l'ordonnance, le tout ensemble,

A Paris, 3 fr.

Dans le ressort, 2 fr. 25 c.

Vacation pour se faire délivrer, par le conservateur des hypothèques, l'extrait des inscriptions,

A Paris, 6 fr.

Dans le ressort, 4 fr. 50 c.

132. Sommation d'avoué à avoué aux créanciers inscrits qui en ont constitué, de produire, dans le mois,

A Paris, 1 fr.

Dans le ressort, 75 c.

Et pour chaque copie, le quart.

133. Acte de production des titres contenant demande en collocation et constitution d'avoué, y compris la vacation pour produire,

A Paris, 20 fr.

Dans le ressort, 15 fr.

Il ne sera point signifié.

134. Dénonciation par acte d'avoué à avoué aux créanciers produisans et à la partie saisie de la confection de l'état de collocation, avec sommation d'en prendre communication, et de contredire, s'il y échet, sur le procès-verbal du commissaire dans le délai d'un mois. Le procès-verbal ne sera ni levé, ni signifié, et il ne sera enregistré que lors de la délivrance des mandemens,

A Paris, 3 fr.

Dans le ressort, 2 fr. 25 c.

Et pour chaque copie, le quart.

135. Vacation pour prendre communication des productions et contredire sur le procès-verbal du commissaire, sans qu'il puisse être passé plus d'une vacation, dans le même ordre, sous quelque prétexte que ce soit,

A Paris, 10 fr.

Dans le ressort, 7 fr. 50 c.

Il sera passé à l'avoué poursuivant une demi-vacation par chaque production, pour en prendre communication et contredire s'il y a lieu,

A Paris, 5 fr.

Dans le ressort, 3 fr. 75 c.

136. Pour la dénonciation aux créanciers inscrits et à la partie saisie des productions faites après les délais dans les ordres, et sommation d'en prendre communication, et de contredire s'il y a lieu,

A Paris, 3 fr.

Dans le ressort, 2 fr. 25 c.

Pour chaque copie, le quart.

137. Vacation pour faire rayer une ou plusieurs inscriptions en vertu du même jugement

A Paris, 6 fr.

Dans le ressort, 4 fr. 50 c.

Vacation pour requérir et se faire délivrer le mandement ou bordereau de collocation.

A Paris, 5 fr.

Dans le ressort, 3 fr. 75 c.

Nota. Les bordereaux de collocation et l'ordonnance de main-levée des inscriptions non utilement colloquées, contenant nécessairement la totalité du procès-verbal du juge-commissaire, l'expédition entière seroit un double emploi; elle ne sera ni levée ni signifiée.

138. Requête pour demander la subrogation à la poursuite d'ordre; elle ne sera point grossoyée,

A Paris, 3 fr.

Dans le ressort, 2 fr. 25 c.

139. Vacation pour la faire insérer au procès-verbal du juge-commissaire,

A Paris, 1 fr. 50 c.

Dans le ressort, 1 fr. 15 c.

Signification de la requête au poursuivant par acte d'avoué à avoué,

A Paris, 1 fr.

Dans le ressort, 75 c.

Pour la copie, le quart.

Acte servant de réponse,

A Paris, 1 fr.

Dans le ressort, 75 c.

Pour la copie, le quart.

§ XII.

Actes particuliers.

140. Pour la consultation de trois avocats exerçant depuis dix ans, qui doit précéder la requête civile principale ou incidente,

A Paris, 72 fr.

Dans le ressort, 72 fr.

141. Pour la déclaration de dommages-intérêts, par articles.

A Paris, 60 c.

Dans le ressort, 45 c.

Pour la copie signifiée par chaque article,

A Paris, 15 c.

Dans le ressort, 12 c.

142. Pour chaque apostille de l'avoué défendeur sur la déclaration de dommages-intérêts,

A Paris, 60 c.

Dans le ressort, 45 c.

143. Composition de l'extrait de l'acte de vente, ou donation, qui doit être dénoncé aux créanciers inscrits par l'acquéreur ou donataire,

A Paris, 15 fr.

Dans le ressort, 11 fr. 75 c.

Et en outre par chaque inscription extraite,

A Paris, 1 fr.

Dans le ressort, 75 c.

Les copies de cet extrait et des inscriptions seront taxées comme les copies de pièces.

144. Il sera taxé aux avoués par chaque journée de campagne, à raison de cinq myriamètres pour un jour, lorsque leur présence sera autorisée par la loi, ou requise par leurs parties, y compris leurs frais de transport et de nourriture,

A Paris, 30 fr.

Dans le ressort, 22 fr. 50 c.

145. Quand les parties seront domiciliées hors de l'arrondissement du tribunal, il sera passé à leurs avoués, pour frais de port de pièces et de correspondances, pour chaque jugement définitif,

A Paris, 10 fr.

Dans le ressort, 7 fr. 50 c.

Et par chaque interlocutoire,

A Paris, 5 fr.

Dans le ressort, 3 fr. 75 c.

146. Lorsque les parties feront un voyage et qu'elles se seront présentées au greffe, assistées de leur avoué, pour y affirmer que le voyage a été fait dans la seule vue du procès, il leur sera alloué, quels que soient leur état et profession, pour frais de voyage, séjour et retour, trois fr. par chaque myriamètre de distance entre leur domicile et le tribunal où le procès sera pendant, et à l'avoué pour vacation au greffe,

A Paris, 1 fr. 50 c.

Dans le ressort, 1 fr. 15 c.

Il ne sera passé en taxe qu'un seul voyage en première instance, et un seul en cause d'appel. La taxe pour la partie sera la même en l'un et l'autre cas.

Cependant, si la comparution d'une partie avoit été ordonnée par jugement, et qu'en définitif les dépens lui fussent adjugés, il lui sera alloué pour cet objet une taxe égale à celle d'un témoin.

CHAPITRE III.

Avoués de la cour d'appel de Paris.

147. Les émolumens des avoués de la cour

l'appel seront taxés au même prix et dans la même forme que ceux des avoués du tribunal de première instance de Paris, avec une augmentation sur chaque espèce de droits; savoir, dans les matières sommaires du double, et dans les matières ordinaires du double pour le droit de consultation, ainsi que pour le port de pièces, lorsque les parties seront domiciliées hors de l'arrondissement du tribunal de première instance de Paris, et pour les autres droits d'une moitié seulement de ceux attribués aux avoués de première instance.

Néanmoins dans les demandes de condamnation de frais d'un avoué contre sa partie, il ne sera alloué que moitié du droit ci-dessus fixé pour les matières sommaires.

148. Les frais des demandes à fin de défenses contre les jugemens mal à propos qualifiés en dernier ressort, ou dont l'exécution provisoire a été mal à propos ordonnée, hors les cas prévus par la loi, ainsi que ceux des demandes à fin d'exécution provisoire des jugemens non qualifiés ou mal à propos qualifiés en premier ressort, et de ceux qui n'auroient pas prononcé l'exécution provisoire dans les cas où elle devoit l'être, seront liquidés comme en matière sommaire.

149. Il en sera de même des frais faits sur les appels d'ordonnances de référés.

150. Las requêtes en prise à partie et celles en pourvoi contre un jugement qui a statué sur une demande en rectification d'un acte de l'état civil, quand il n'y a d'autre partie que le demandeur en rectification, seront taxées 15 fr.

CHAPITRE IV.

Dispositions communes aux avoués des cou et des tribunaux.

151. Tous les avoués seront tenus d'avoir u registre qui sera coté et paraphé par le prés dent du tribunal auquel ils seront attaché ou par un des juges du siége, qui sera par l commis, sur lequel registre, ils inscriront eu mêmes, par ordre de date et sans aucun blan toutes les sommes qu'ils recevront de leu parties.

Ils représenteront ce registre toutes les fo qu'ils en seront requis, et qu'ils formero des demandes en condamnation de frais; faute de représentation ou de tenue régulièr ils seront déclarés non recevables dans leu demandes.

Le tarif ne comprend que l'émolument n des avoués et autres officiers, les débours seront payés en outre.

Les officiers ne pourront exiger de plus fo droits que ceux énoncés au présent tarif, peine de restitution, dommages et intérêt et d'interdiction, s'il y a lieu.

Il ne sera passé aux juges de paix, aux e perts, aux avoués, aux notaires et à to officiers ministériels, que trois vacations p jour quand ils opéreront dans le lieu de leur r sidence; deux par matinée, et une seule l'apr dîner.

CHAPITRE V.

Des huissiers audienciers.

§ 1er.

Des tribunaux de première instance.

152. Pour chaque appel de cause sur le rôle et lors des jugemens par défaut, interlocutoires et définitifs, sans qu'il soit alloué aucun droit pour les jugemens préparatoires et de simples remises,

A Paris, 30 c.

Dans les tribunaux du ressort, 25 c.

153. Pour chaque publication du cahier des charges dans toutes espèces de ventes,

A Paris, 1 fr.

Dans les tribunaux du ressort, 75 c.

154. Pour la même publication lors de l'adjudication préparatoire,

A Paris, 3 fr.

Dans les tribunaux du ressort, 2 fr. 25 c.

155. Pour la publication, lors de l'adjudication définitive, y compris les frais de bougie, que les huissiers disposeront et allumeront eux-mêmes,

A Paris, 5 fr.

Dans les tribunaux du ressort, 3 fr. 75 c.

156. Pour signification de toutes espèces, d'avoué à avoué, sans aucune distinction, à l'ordinaire,

A Paris, 30 c.

Dans les tribunaux du ressort, 25 c.

Pour signification extraordinaire, c'est-à-dire, à une autre heure que celle où se font les significations ordinaires, suivant l'usage du tribunal,

A Paris, 1 fr.

Nota. Ces significations doivent être faites à l'heure datée ; et, à défaut de date, elles ne seront taxées que comme significations ordinaires ; elles ne sont passées en taxe, comme extraordinaires, qu'à Paris seulement.

Les huissiers audienciers, quoiqu'ils soient commis pour faire des significations ou autres opérations, ne pourront exiger autres ni plus forts droits que les huissiers ordinaires, et ils seront obligés de se conformer à toutes les dispositions du Code, comme tous les autres huissiers ; mais les frais de transport des huissiers de la cour d'appel, commis par elle, seront, dans ce cas, alloués suivant la taxe, quelle que soit la distance.

§ II.

Des huissiers audienciers de la cour d'appel de Paris.

157. Pour l'appel des causes sur le rôle, ou lors des arrêts par défaut, interlocutoires et définitifs, à la charge d'envoyer des bulletins aux avoués pour toutes les remises de causes qui seront ordonnées, 1 fr. 25 c.

Il ne sera passé aucun droit d'appel pour les simples remises de causes et les jugemens préparatoires.

158. Pour significations de toutes espèces, d'avoué à avoué, sans aucune distinction, à l'ordinaire, 75 c.

A l'extraordinaire ou à l'heure datée, 1 fr. 50 c.

CHAPITRE VI.

Des experts, des dépositaires de pièces et des témoins.

159. Il sera taxé aux experts, par chaque

vacation de trois heures, quand ils opéreront dans les lieux où ils sont domiciliés ou dans la distance de deux myriamètres; savoir, dans le département de la Seine :

Pour les artisans ou laboureurs, 4 fr.

Pour les architectes et autres artistes, 8 fr.

Dans les autres départemens,

Aux artisans et laboureurs, 3 fr.

Aux architectes et autres artistes, 6 f.

160. Au-delà de deux myriamètres, il sera alloué par chaque myriamètre, pour frais de voyage et nourriture, aux architectes et autres artistes, soit pour aller, soit pour revenir,

A ceux de Paris, 6 fr.

A ceux des départemens, 4 fr. 50 c.

161. Il leur sera alloué pendant leur séjour, à la charge de faire quatre vacations par jour, savoir :

A ceux de Paris, 32 fr.

A ceux des départemens, 24 fr.

Nota. La taxe sera réduite dans le cas où le nombre de quatre vacations n'auroit pas été employé.

S'il y a lieu à transport d'un laboureur au-delà de deux myriamètres, il sera alloué 3 fr. par myriamètre, pour aller, et autant pour le retour, sans néanmoins qu'il puisse être rien alloué au-delà de cinq myriamètres.

162. Il sera encore alloué aux experts deux vacations; l'une pour leur prestation de serment, l'autre pour le dépôt de leur rapport, indépendamment de leurs frais de transport, s'ils sont domiciliés à plus de deux myriamètres de distance du lieu où siége le tribunal; il leur sera accordé par myriamètre, dans ce cas, le cinquième de leur journée de campagne.

Au moyen de cette taxe, les experts ne pourront rien réclamer ni pour frais de voyage et de nourriture, ni pour s'être fait aider par des écrivains ou par des toiseurs et porte-chaînes, ni sous quelque autre prétexte que ce soit ; ces frais, s'ils ont eu lieu, restant à leur charge.

Le président, en procédant à la taxe de leurs vacations, en réduira le nombre, s'il lui paraît excessif.

163. Il sera taxé aux experts en vérification d'écritures et en cas d'inscription de faux incident, par chaque vacation de trois heures, indépendamment de leurs frais de voyage, s'il y a lieu,

A Paris, 8 fr.

Dans les tribunaux du ressort, 6 fr.

164. Il ne leur sera rien alloué pour prestation de serment, ni pour dépôt de leur procès-verbal, attendu qu'ils doivent opérer en présence du juge ou du greffier, et que le tout est compris dans leurs vacations.

165. Il leur sera alloué pour frais de voyage, s'ils sont domiciliés à plus de deux myriamètres du lieu où se fait la vérification,

A Paris, 32 fr.

Dans les tribunaux du ressort, 24 fr.

A raison de cinq myriamètres par journée, et au moyen de cette taxe, ils ne pourront rien réclamer pour frais de transport et de nourriture.

166. Il sera taxé aux dépositaires qui devront représenter les pièces de comparaison en vérification d'écritures ou arguées de faux, en inscription de faux incident, indépendamment de leurs frais de voyage, par chaque

vacation de trois heures devant le juge-commissaire ou le greffier, savoir :

1°. Aux greffiers.	1°. des cours d'appel, 12 fr. 2°. de justice criminelle, 12 fr. 3°. des tribunaux de première instance, 10 fr.
2°. Aux notaires.	1°. de Paris, 9 fr. 2°. des départemens, 6 fr. 75 c.
3°. Aux avoués..	1°. des cours d'appel, 8 fr. 2°. des tribunaux de première instance, 6 fr.
4°. Aux huissiers.	1°. de Paris, 5 fr. 2°. des départemens, 4 fr.

5.° Aux autres fonctionnaires publics ou autres particuliers, s'ils le requièrent, 6 fr.

167. Il sera taxé au témoin, à raison de son état et de sa profession, une journée pour sa déposition ; et, s'il n'a pas été entendu le premier jour pour lequel il aura été cité, dans le cas prévu par l'article 267, il lui sera passé deux journées, indépendamment des frais de voyage, si le témoin est domicilié à plus de deux myriamètres du lieu où se fait l'enquête.

Le *maximum* de la taxe du témoin sera de 10 fr., et le *minimum*, 2 fr.

Les frais de voyage sont fixés à 3 fr. par myriamètre pour l'aller et le retour.

CHAPITRE VII.

Des Notaires.

1.

168. Il sera taxé aux notaires, pour tous les

actes indiqués par le Code Code civil et par le Code judiciaire,

Pour chaque vacation de trois heures,

1.° Aux compulsoires faits en leur étude. (Code de procéd. 849.)

2.° Devant le juge, en cas que leur transport devant lui ait été requis. (Code de procéd. 852.)

3.° A tout acte respectueux et formel, pour demander le conseil du père et de la mère, ou celui des aïeuls ou aïeules, à l'effet de contracter mariage. (Code civ. 151, 152, 153 et 154.)

4.° Aux inventaires contenant l'estimation des biens meubles et immeubles des époux qui veulent demander le divorce par consentement mutuel. (Code civil, 279.)

5.° Aux procès-verbaux qu'ils doivent dresser de tout ce qui aura été dit et fait devant le juge, en cas de demande en divorce par consentement mutuel. (Code civ. 281, 284 et 285.)

6.° Aux inventaires après décès. (Code de procédure, 941 et suivans.)

7.° En référé devant le président du tribunal, s'il s'élève des difficultés, ou s'il est formé des réquisitions pour l'administration de la communauté, ou de la succession, ou pour tous autres objets. (Code de procéd. 944.)

8.° A tous les procès-verbaux qu'ils dresseront en tous autres cas et dans lesquels ils seront tenus de constater le temps qu'ils y auront employé. (Code de procéd. 977 et 978, etc.)

9.° Aux greffes pour y déposer la minute du procès-verbal des difficultés élevées dans les partages, contenant les dires des parties. (Code de procéd. 977.)

A Paris, 9 fr.

ans les villes où il y a tribunal de pre-
'e instance, 6 fr.

artout ailleurs, 4 fr.

ig. Dans tous les cas où il est alloué des tions aux notaires, il ne leur sera rien é pour les minutes de leurs procès-verbaux.

I I.

'o. Quand les notaires seront obligés de se sporter à plus d'un myriamètre de leur dence, indépendamment de leur journée, ur sera alloué pour tous frais de voyage et rriture, par chaque myriamètre, un cin-ıme de leurs vacations et autant pour le ur.

t par journée qui sera comptée à raison inq myriamètres, aussi pour l'aller et le ur, quatre vacations.

I I I.

71. Il sera passé aux notaires pour la for-ion des comptes que les copartageans peu-t se devoir de la masse générale de la suc-ion, des lots et des fournissemens à faire acun des copartageans, une somme cor-ondante au nombre des vacations que le arbitrera avoir été employées à la con-ion de l'opération.

I V.

72. Les remises accordées aux avoués sur prix des ventes d'immeubles seront allouées notaires, dans les cas où les tribunaux ren-ront des ventes d'immeubles par-devant, mais sans distinction de celles dont le n'excédera pas 2,000 francs; et au moyen cette remise, ils ne pourront rien exiger r les minutes de leurs procès-verbaux de lication et d'adjudication.

V.

173. Tous les autres actes du ministère d
notaires notamment les partages et ventes v
lontaires qui auront lieu par-devant eu
seront taxés par le président du tribunal
première instance de leur arrondissement
suivant leur nature et les difficultés que le
rédaction aura présentées, et sur les rense
gnemens qui lui seront fournis par les n
taires et les parties.

VI.

174. Les expéditions de tous les actes reç
par les notaires, y compris celles des inve
taires et de tous procès-verbaux, contie
dront vingt-cinq lignes à la page et quin
syllabes à la ligne, et leur seront payée
par chaque rôle,

A Paris, 3 fr.

Dans les villes où il y a tribunal de pr
mière instance, 2 fr.

Partout ailleurs, 1 fr. 50 c.

VII.

175. Les notaires seront tenus de prend
à leur chambre de discipline, et de fai
afficher dans leurs études, l'extrait des jug
mens qui auront prononcé des interdictio
contre des particuliers, ou qui leur auro
nommé des conseils, sans qu'il soit beso
de leur signifier les jugemens. (Code civ. 501.

VIII.

Notre grand-juge ministre de l justice e
chargé de l'exécution du présent décret.

Signé, NAPOLÉON.

Par l'Empereur,

Le ministre secrétaire-d'Etat,

signé, H. B. MARET.

Décret concernant la liquidation des dépens et frais.

De notre camp impérial de Preussisch-Eylan, le 16 février 1807.

NAPOLÉON, EMPEREUR DES FRANÇAIS, ROI D'ITALIE.

Sur le rapport de notre grand-juge ministre de la justice, notre Conseil-d'Etat entendu,

Nous avons décrété et décrétons ce qui suit :

Art. 1er. La liquidation des dépens en matière sommaire, sera faite par les arrêts et jugemens qui les auront adjugés : à cet effet, l'avoué qui aura obtenu la condamnation remettra, dans le jour, au greffier tenant la plume à l'audience l'état des dépens adjugés ; et la liquidation en sera insérée dans le dispositif de l'arrêt ou jugement.

2. Les dépens, dans les matières ordinaires, seront liquidés par un des juges qui aura assisté au jugement ; mais le jugement pourra être expédié et délivré avant que la liquidation soit faite.

3. L'avoué qui requerra la taxe, remettra au greffier l'état des dépens adjugés, avec les pièces justificatives.

4. Le juge chargé de liquider taxera chaque article en marge de l'état, sommera le total au bas, le signera, mettra le *taxé* sur chaque pièce justificative et paraphera : l'état demeurera annexé aux qualités.

5. Le montant de la taxe sera porté au bas de l'état des dépens adjugés ; il sera signé du juge qui y aura procédé et du greffier. Lorsque ce montant n'aura pas été compris dans l'expédi-

tion de l'arrêt ou jugement, il en sera délivré exécutoire par le greffier.

6. L'exécutoire ou le jugement au chef de la liquidation, seront susceptibles d'opposition. L'opposition sera formée dans les trois jours de la signification à avoué avec citation; il y sera statué sommairement, et il ne pourra être interjeté appel de ce jugement que lorsqu'il y aura appel de quelques dispositions sur le fond.

7. Si la partie qui a obtenu l'arrêt ou le jugement, néglige de le lever, l'autre partie fera une sommation de le lever dans les trois jours.

8. Faute de satisfaire à cette sommation, la partie qui aura succombé pourra lever une expédition du jugement, sans que les frais soient taxés, sauf à l'autre partie à les faire taxer dans la forme ci-dessus prescrite.

9. Les demandes des avoués et autres officiers ministériels, en paiement de frais contre les parties pour lesquelles ils auront occupé ou instrumenté, seront portées à l'audience, sans qu'il soit besoin de citer en conciliation; il sera donné, en tête des assignations, copie du mémoire des frais réclamés.

10. Notre grand-juge, ministre de la justice, est chargé de l'exécution du présent décret.

Signé, NAPOLÉON.

Par l'Empereur,
Le ministre secrétaire d'Etat,
signé, H. B. MARET.

TARIF *des frais de taxe.*

Il ne sera rien alloué aux avoués pour l'état des dépens adjugés en matière sommaire qu'ils doivent remettre aux greffiers, à l'effet d'en faire insérer la liquidation dans l'arrêt ou le jugement.

Pour chaque article entrant en taxe des dépens adjugés en matière ordinaire, il sera alloué 10 c.

Au moyen de cette taxe, il ne sera alloué à l'avoué aucune vacation à l'effet de remettre et retirer les pièces justificatives.

Nota. Il ne pourra être fait qu'un article pour chaque pièce de la procédure, tant pour l'avoir dressé, que pour l'original, copie et signification, et tous les droits qui en résultent.

Chaque article sera divisé en deux parties ; la première comprendra les déboursés, y compris le salaire des huissiers, et la seconde, l'émolument net de l'avoué : en conséquence, les états seront formés sur deux colonnes, l'une des déboursés, l'autre de l'émolument de l'avoué.

Pour la sommation à l'avoué de la partie qui a obtenu la condamnation de dépens, de lever le jugement.

A Paris, 1 fr.

Dans le ressort, 75 c.

Et pour la copie, le quart.

Pour l'original de l'acte contenant opposition, soit à un exécutoire de dépens, soit au chef du jugement qui les a liquidés, avec sommation de comparoître à la chambre du conseil pour être statué sur ladite opposition,

A Paris, 1 fr.

Dans le ressort, 75 c.

Et pour chaque copie, le quart.

Pour assistance et plaidoirie à la chambre du conseil.

A Paris, 7 fr. 50 c.

Dans le ressort les trois quarts.

Pour les qualité et signification à avoué du jugement qui interviendra, s'il n'y a qu'une partie, le tout eusemble,

A Paris, 5 fr.

Dans le ressort, 4 fr.

S'il y a plusieurs avoués, pour chacune des autres copies tant des qualités que du jugement,

A Paris, 1 fr.

Dans le ressort, 75 c.

Il ne sera passé aucun autre droit pour la taxe des frais.

Certifié conforme,

Le ministre secrétaire d'état,

signé, H. B. Maret.

Décret tendant à rendre commun aux autres cours et tribunaux le tarif des frais et dépens en matière judiciaire, ainsi que le Tarif des frais de taxe, décrétés pour la cour d'appel et autres tribunaux séant à Paris.

De notre camp impérial de Preussisch-Eylau, le 16 février 1807.

NAPOLÉON, EMPEREUR DES FRANÇAIS, ROI D'ITALIE.

Sur le rapport de notre grand-juge ministre de la justice :

Notre Conseil d'État entendu,

Nous avons décrété et décrétons ce qui suit :

Art. I.er Le tarif des frais et dépens en la cour d'appel de Paris, décrété cejourd'hui, est rendu commun aux cours d'appel de Lyon, Bordeaux, Rouen et Bruxelles.

Toutes les sommes portées en ce tarif seront réduites d'un dixième pour la taxe des frais et dépens dans les autres cours d'appel.

2. Le tarif des frais et dépens décrété pour le tribunal de première instance et pour les justices de paix établis à Paris, est rendu commun aux tribunaux de première instance et aux justices de paix, établis à Lyon, Bordeaux, Rouen et Bruxelles.

Toutes les sommes portées en ce tarif seront réduites d'un dixième dans la taxe des frais et dépens pour les tribunaux de première instance et pour les justices de paix établis dans les villes où siége une cour d'appel, ou dans les villes dont la population excède trente mille ames.

3. Dans tous les autres tribunaux de première instance et justices de paix de l'Empire, le tarif des frais et dépens sera le même que celui décrété pour les tribunaux de première instance et les justices de paix du ressort de la cour d'appel de Paris, autres que ceux établis dans cette capitale.

4. Le tarif des frais de taxe, décrété également cejourd'hui pour le ressort de la cour d'appel de Paris, est aussi déclaré commun à tout l'Empire : en conséquence, dans tous les chefs-lieux de cour d'appel, les droits de taxe seront perçus comme à Paris ; et partout ailleurs ils seront perçus comme dans le ressort de la cour d'appel de Paris.

5. Notre grand-juge, ministre de la justice, est chargé de l'exécution du présent décret.

Signé, NAPOLÉON.

Par l'Empereur,

Le ministre secrétaire d'Etat,

Signé, H. B. MARET.

CONSEIL D'ETAT.

Extrait du registre des délibérations. — Séance du 6 janvier 1807.

Le Conseil d'Etat qui, d'après le renvoi ordonné par S. M., a entendu le rapport de la section de législation sur celui du grand-juge ministre de la justice, concernant l'exécution de l'article 1041 du Code de Procédure civile,

Vu ledit article ainsi conçu ;

« Le présent Code sera exécuté à dater du » premier janvier 1807 ; en conséquence, tous » procès qui seront intentés depuis cette épo- » que, seront instruits conformément à ses dis- » positions ; toutes lois, coutumes, usages et » règlemens relatifs à la procédure civile, sont » abrogés. »

Est d'avis que les seuls procès intentés depuis le 1.er janvier 1807 doivent être instruits conformément aux dispositions du Code ; mais que l'on ne doit comprendre dans la classe des affaires antérieurement intentées, ni les appels interjetés depuis l'époque du 1.er janvier 1807, ni les saisies faites depuis, ni les ordres et contributions lorsque la réquisition d'ouverture du procès-verbal est postérieure ni les expropriations forcées lorsque la procédure réglée par la loi du 11 brumaire an 7, a été entamée par l'apposition des affiches avant le 1.er janvier 1807. Ces appels, saisies, contributions et affiches sont dans le fait le principe d'une nouvelle procédure qui s'introduit à la suite d'une précédente. Dans tous les autres cas l'instruction des affaires entamées avant le 1.er janvier 1807 doit être continuée conformément aux règlemens antérieurs au Code de procédure.

Pour extrait conforme,

Le secrétaire général du Conseil d'Etat.

Signé J. G. Locré.

Approuvé en notre camp impérial de Preussich-Eylau, le 16 février 1807.

Signé NAPOLÉON.

Par l'Empereur.

Le ministre secrétaire d'Etat,

signé H. B. Maret.

www.ingramcontent.com/pod-product-compliance
Ingram Content Group UK Ltd.
Pitfield, Milton Keynes, MK11 3LW, UK
UKHW020344180726
13839UKWH00002B/913

9 782329 139159